罒 253	立 251	穴 251	禾 250	内 250	示示 250	石 249	矢 249	矛 249	目 249	皿 249
老 253	羽 253	羊 253	网 253	缶 253	糸 252	米 252	竹 251	瓜 248	六画	衤 258
舛 254	舌 254	臼 254	至 254	自 254	臣 254	肉 253	聿 253	耳 253	耒 253	而 253
七画	西襾 258	衣 258	行 258	血 258	虫 257	虍 257	艸 254	色 254	艮 254	舟 254
走 259	赤 259	貝 259	豸 259	豕 259	豆 259	谷 259	言 258	角 258	見 258	臣 254
麦 266	里 261	采 261	酉 261	邑 260	辵 260	辰 260	辛 260	車 260	身 259	足 259
[illegible]	[illegible]	[illegible]	雨 [illegible]	隹 [illegible]	隶 262	阜 262	門 262	長 262	金 261	八画
[illegible] 263	[illegible]	[illegible]	[illegible]	[illegible]	韭 263	韋 263	革 263	面 263	九画	斉 266
鬼 264	鬲 264	鬯 264	鬥 264	髟 264	高 264	骨 264	馬 264	十画	香 263	首 263
亀 266	黒 266	黄 266	麻麻 266	麥 266	鹿 266	鹵 266	鳥 265	魚 264	十一画	竜 266
鼠 266	鼓 266	鼎 266	黽 266	十三画	歯 266	黹 266	黑 266	黍 266	黃 266	十二画
	龠 266	十七画	龜 266	龍 266	十六画	齒 266	十五画	齊 266	鼻 266	十四画

JN298436

漢字は日本文化を支える

長い日本文化の発展過程において、
漢字はその根幹となってきました。
現代を生きる私たちの漢字・日本語を学ぶことは、
次世代へ日本文化を受け継ぎ、
発展させていくために欠くことができません。
日本人の歴史とともにあった漢字学習は、
楽しい生涯学習のひとつとして、
多くの人に取り組まれています。

「漢検」級別 主な出題内容

10級 …対象漢字数 80字
漢字の読み／漢字の書取／筆順・画数

9級 …対象漢字数 240字
漢字の読み／漢字の書取／筆順・画数

8級 …対象漢字数 440字
漢字の読み／漢字の書取／部首・部首名／筆順・画数／送り仮名／対義語／同じ漢字の読み

7級 …対象漢字数 640字
漢字の読み／漢字の書取／部首・部首名／筆順・画数／送り仮名／対義語／同音異字／三字熟語

6級 …対象漢字数 825字
漢字の読み／漢字の書取／部首・部首名／筆順・画数／送り仮名／対義語・類義語／同音・同訓異字／三字熟語／熟語の構成

5級 …対象漢字数 1006字
漢字の読み／漢字の書取／部首・部首名／筆順・画数／送り仮名／対義語・類義語／同音・同訓異字／誤字訂正／四字熟語／熟語の構成

4級 …対象漢字数 1322字
漢字の読み／漢字の書取／部首・部首名／送り仮名／対義語・類義語／同音・同訓異字／誤字訂正／四字熟語／熟語の構成

3級 …対象漢字数 1607 字
漢字の読み／漢字の書取／部首・部首名／送り仮名／対義語・類義語／同音・同訓異字／誤字訂正／四字熟語／熟語の構成

準2級 …対象漢字数 1940 字
漢字の読み／漢字の書取／部首・部首名／送り仮名／対義語・類義語／同音・同訓異字／誤字訂正／四字熟語／熟語の構成

2級 …対象漢字数 2136 字
漢字の読み／漢字の書取／部首・部首名／送り仮名／対義語・類義語／同音・同訓異字／誤字訂正／四字熟語／熟語の構成

準1級 …対象漢字数 約3000字
漢字の読み／漢字の書取／故事・諺／対義語・類義語／同音・同訓異字／誤字訂正／四字熟語

1級 …対象漢字数 約6000字
漢字の読み／漢字の書取／故事・諺／対義語・類義語／同音・同訓異字／誤字訂正／四字熟語

※ここに示したのは出題分野の一例です。毎回すべての分野から出題されるとは限りません。また、このほかの分野から出題されることもあります。

日本漢字能力検定採点基準 最終改定：平成25年4月1日

1 採点の対象
筆画を正しく、明確に書かれた字を採点の対象とし、くずした字や、乱雑に書かれた字は採点の対象外とする。

2 字種・字体
①2〜10級の解答は、内閣告示「常用漢字表」（平成二十二年）による。ただし、旧字体での解答は正答とは認めない。
②1級および準1級の解答は、『漢検要覧 1／準1級対応』（公益財団法人日本漢字能力検定協会発行）に示す「標準字体」「許容字体」「旧字体一覧表」による。

3 読み
①2〜10級の解答は、内閣告示「常用漢字表」（平成二十二年）による。
②1級および準1級の解答には、①の規定は適用しない。

4 仮名遣い
仮名遣いは、内閣告示「現代仮名遣い」による。

5 送り仮名
送り仮名は、内閣告示「送り仮名の付け方」による。

6 部首
部首は、『漢検要覧 2〜10級対応』（公益財団法人日本漢字能力検定協会発行）収録の「部首一覧表と部首別の常用漢字」による。

7 筆順
筆順の原則は、文部省編『筆順指導の手びき』（昭和三十三年）による。常用漢字一字一字の筆順は、『漢検要覧 2〜10級対応』収録の「常用漢字の筆順一覧」による。

8 合格基準

級	満点	合格
1級／準1級／2級	二〇〇点	八〇%程度
準2級／3級／4級／5級／6級／7級	二〇〇点	七〇%程度
8級／9級／10級	一五〇点	八〇%程度

※部首、筆順は『漢検 漢字学習ステップ』など公益財団法人日本漢字能力検定協会発行図書でも参照できます。

日本漢字能力検定審査基準

10級

程度 小学校第1学年の学習漢字を理解し、文や文章の中で使える。

領域・内容
《読むことと書くこと》 小学校学年別漢字配当表の第1学年の学習漢字を読み、書くことができる。
《筆順》 点画の長短、接し方や交わり方、筆順および総画数を理解している。

9級

程度 小学校第2学年までの学習漢字を理解し、文や文章の中で使える。

領域・内容
《読むことと書くこと》 小学校学年別漢字配当表の第2学年までの学習漢字を読み、書くことができる。
《筆順》 点画の長短、接し方や交わり方、筆順および総画数を理解している。

8級

程度 小学校第3学年までの学習漢字を理解し、文や文章の中で使える。

領域・内容
《読むことと書くこと》 小学校学年別漢字配当表の第3学年までの学習漢字を読み、書くことができる。
- 音読みと訓読みとを理解していること
- 送り仮名に注意して正しく書けること（食べる、楽しい、後ろ　など）
- 対義語の大体を理解していること（勝つ—負ける、重い—軽い　など）
- 同音異字を理解していること（反対、体育、期待、太陽　など）

《筆順》 筆順、総画数を正しく理解している。
《部首》 主な部首を理解している。

7級

程度 小学校第4学年までの学習漢字を理解し、文章の中で正しく使える。

領域・内容
《読むことと書くこと》 小学校学年別漢字配当表の第4学年までの学習漢字を読み、書くことができる。
- 音読みと訓読みとを正しく理解していること
- 送り仮名に注意して正しく書けること（等しい、短い、流れる　など）
- 熟語の構成を知っていること
- 対義語の大体を理解していること（入学—卒業、得点—失点　など）
- 同音異字を理解していること（健康、高校、広告、外交　など）

《筆順》 筆順、総画数を正しく理解している。
《部首》 部首を理解している。

6級

程度 小学校第5学年までの学習漢字を理解し、文章の中で漢字が果たしている役割を知り、正しく使える。

領域・内容

《読むことと書くこと》 小学校学年別漢字配当表の第5学年までの学習漢字を読み、書くことができる。

- 音読みと訓読みとを正しく理解していること
- 送り仮名や仮名遣いに注意して正しく書けること（告げる、失う など）
- 熟語の構成を知っていること（上下、絵画、大木、読書、不明 など）
- 対義語、類義語の大体を理解していること（禁止―許可、平等―均等 など）
- 同音・同訓異字を正しく理解していること

《筆順》 筆順、総画数を正しく理解している。

《部首》 部首を理解している。

5級

程度 小学校第6学年までの学習漢字を理解し、文章の中で漢字が果たしている役割に対する知識を身に付け、漢字を文章の中で適切に使える。

領域・内容

《読むことと書くこと》 小学校学年別漢字配当表の第6学年までの学習漢字を読み、書くことができる。

- 音読みと訓読みとを正しく理解していること
- 送り仮名や仮名遣いに注意して正しく書けること
- 熟語の構成を知っていること
- 対義語、類義語を正しく理解していること
- 同音・同訓異字を正しく理解していること

《四字熟語》 四字熟語を正しく理解している（有名無実、郷土芸能 など）。

《筆順》 筆順、総画数を正しく理解している。

《部首》 部首を理解し、識別できる。

4級

程度 常用漢字※のうち約1300字を理解し、文章の中で適切に使える。

領域・内容

《読むことと書くこと》 小学校学年別漢字配当表のすべての漢字と、その他の常用漢字約300字の読み書きを習得し、文章の中で適切に使える。

- 音読みと訓読みとを正しく理解していること
- 送り仮名や仮名遣いに注意して正しく書けること
- 熟語の構成を正しく理解していること
- 熟字訓、当て字を理解していること（小豆／あずき、土産／みやげ など）
- 対義語、類義語、同音・同訓異字を正しく理解していること

《四字熟語》 四字熟語を理解している。

《部首》 部首を識別し、漢字の構成と意味を理解している。

※常用漢字とは、平成22年11月30日付内閣告示による「常用漢字表」に示された2136字をいう。

3級

程度 常用漢字※のうち約1600字を理解し、文章の中で適切に使える。

領域・内容

《読むことと書くこと》 小学校学年別漢字配当表のすべての漢字と、その他の常用漢字約600字の読み書きを習得し、文章の中で適切に使える。

- 音読みと訓読みとを正しく理解していること
- 送り仮名や仮名遣いに注意して正しく書けること
- 熟語の構成を正しく理解していること
- 熟字訓、当て字を理解していること（乙女／おとめ、風邪／かぜ など）
- 対義語、類義語、同音・同訓異字を正しく理解していること

《四字熟語》 四字熟語を理解している。

《部首》 部首を識別し、漢字の構成と意味を理解している。

※常用漢字とは、平成22年11月30日付内閣告示による「常用漢字表」に示された2136字をいう。

準2級

程度　常用漢字[※1]のうち1940[※2]字を理解し、文章の中で適切に使える。

領域・内容

《読むことと書くこと》　1940字の漢字の読み書きを習得し、文章の中で適切に使える。

- 音読みと訓読みとを正しく理解していること
- 送り仮名や仮名遣いに注意して正しく書けること
- 熟語の構成を正しく理解していること
- 熟字訓、当て字を理解していること（硫黄／いおう、相撲／すもう　など）
- 対義語、類義語、同音・同訓異字を正しく理解していること

《四字熟語》　典拠のある四字熟語を理解している（驚天動地、孤立無援　など）。

《部首》　部首を識別し、漢字の構成と意味を理解している。

※1　常用漢字とは、平成22年11月30日付内閣告示による「常用漢字表」に示された2136字をいう。
※2　1940字とは、昭和56年10月1日付内閣告示による旧「常用漢字表」の1945字から「勺」「錘」「銑」「脹」「匁」の5字を除いたものを指す。

2級

程度　すべての常用漢字[※]を理解し、文章の中で適切に使える。

領域・内容

《読むことと書くこと》　すべての常用漢字の読み書きに習熟し、文章の中で適切に使える。

- 音読みと訓読みとを正しく理解していること
- 送り仮名や仮名遣いに注意して正しく書けること
- 熟語の構成を正しく理解していること
- 熟字訓、当て字を理解していること（海女／あま、玄人／くろうと　など）
- 対義語、類義語、同音・同訓異字などを正しく理解していること

《四字熟語》　典拠のある四字熟語を理解している（鶏口牛後、呉越同舟　など）。

《部首》　部首を識別し、漢字の構成と意味を理解している。

※　常用漢字とは、平成22年11月30日付内閣告示による「常用漢字表」に示された2136字をいう。

準1級

程度　常用漢字を含めて、約3000字の漢字の音・訓を理解し、文章の中で適切に使える。

領域・内容

《読むことと書くこと》　常用漢字の音・訓を含めて、約3000字の漢字の読み書きに慣れ、文章の中で適切に使える。

- 熟字訓、当て字を理解していること
- 対義語、類義語、同音・同訓異字などを理解していること
- 国字を理解していること（峠、凧、畠　など）
- 複数の漢字表記について理解していること（國—国、交叉—交差　など）

《四字熟語・故事・諺》　典拠のある四字熟語、故事成語・諺を正しく理解している。

《古典的文章》　古典的文章の中での漢字・漢語を理解している。

※　約3000字の漢字は、JIS第一水準を目安とする。

1級

程度　常用漢字を含めて、約6000字の漢字の音・訓を理解し、文章の中で適切に使える。

領域・内容

《読むことと書くこと》　常用漢字の音・訓を含めて、約6000字の漢字の読み書きに慣れ、文章の中で適切に使える。

- 熟字訓、当て字を理解していること
- 対義語、類義語、同音・同訓異字などを理解していること
- 国字を理解していること（怺える、毟る　など）
- 地名・国名などの漢字表記（当て字の一種）を知っていること
- 複数の漢字表記について理解していること（鹽—塩、颱風—台風　など）

《四字熟語・故事・諺》　典拠のある四字熟語、故事成語・諺を正しく理解している。

《古典的文章》　古典的文章の中での漢字・漢語を理解している。

※　約6000字の漢字は、JIS第一・第二水準を目安とする。

個人受検の申し込みについて 申し込みから合否の通知まで

1 受検級を決める

受検資格 制限はありません

実施級 1、準1、2、準2、3、4、5、6、7、8、9、10級

検定会場 全国主要都市約180か所に設置
（実施地区は検定の回ごとに決定）

2 検定に申し込む

●インターネットで申し込む

ホームページ http://www.kanken.or.jp/ から申し込む
（クレジットカード決済、コンビニ決済等が可能です）。

●携帯電話で申し込む

携帯電話から http://www.kanken.or.jp/ にアクセスし申し込む（コンビニ決済が可能です）。
バーコード読取機能付き携帯電話でも簡単にアクセスできます。

●コンビニエンスストアで申し込む

・ローソン「Loppi」
・セブン-イレブン「マルチコピー」
・ファミリーマート「Famiポート」
・サークルKサンクス「カルワザステーション」
・ミニストップ「MINISTOP Loppi」

検定料は各店舗のカウンターで支払う。

●取扱書店（大学生協含む）を利用する

取扱書店（大学生協含む）で検定料を支払い、願書と書店払込証書を郵送する。

●取扱新聞社などへ申し込む

願書、検定料(現金)を直接持参、または現金書留で送付する。

注意

①家族・友人と同じ会場での受検を希望する方は、願書を利用する申込方法をお選びいただき、1つの封筒に同封して送付してください。同封されない場合には、受検会場が異なることがあります（インターネット、携帯電話、コンビニエンスストアでの申し込みの場合は同一会場の指定はできませんのでご了承ください）。

②車いすで受検される方や、体の不自由な方はお申し込みの際に協会までご相談ください。

③申し込み後の変更・取り消し・返金はできません。また、次回への延期もできませんのでご注意ください。

3 受検票が届く

受検票は検定日の約1週間前に到着するよう協会より郵送します。

※検定日の3日前になっても届かない場合は協会へお問い合わせください。

お問い合わせ窓口

電話番号 **0120-509-315**（無料）
（海外からはご使用になれません。ホームページよりメールでお問い合わせください。）

お問い合わせ時間 月～金 9時00分～17時00分
（祝日・年末年始を除く）
※検定日とその前日の土、日は開設
※検定日と申込締切日は9時00分～18時00分

はじめに

本書は、日本漢字能力検定（以下、「漢検」）準１級受検のための練習用問題集である。過去の検定問題から精選した問題を中心として、分野別に構成している。内容は、「日本漢字能力検定審査基準」に則り、効果的に漢字の理解・運用能力を身につけられるように工夫した。また、巻末に漢字への理解をさらに深めるための資料を掲載した。なお、本書の標準解答は、準１級の出題範囲内のものに限っている。

漢検準１級では、常用漢字表【平成二十二（二〇一〇）年、内閣告示】の字種、字体、音訓を踏まえ、これを含めてＪＩＳ（日本工業規格）第一水準漢字集合の字種、約三千字が出題の対象となる。常用漢字表の字種二一三六字については、表に掲げていない音訓（表外の読み）もあるため、それにも及ぶこととなり、その他の約一千字種については、それぞれ字体、音訓が知識として習得され、文章中の文脈において正しく読むことができ、またその字体を正しく書き表すことができるということが求められる。

具体的な問題の内容は、「短文中での漢字の読み書き、熟字訓・当て字、対義語・類義語、同音異字・同訓異字、国字、典拠のある四字熟語、故事・成語・諺」などであり、これらについて知識を持ち、文章中の文脈において正しく理解して読むことができ、かつ書くことができることなどが求められる。

学校教育（小学校・中学校・高等学校）で学習する漢字の字種は、常用漢字表の字種の範囲であり、漢字の字体及びその音訓についてはこれに即して表に掲げる字体、音訓の範囲に限られる。これは一応、現代の日本語の表記の基礎を成す部分である。しかし、社会で一般に流通する字種はこれをはるかに超えているため、自ら積極的に漢字の知識を増やし、漢字力を強化することが必要となる。その自ら学習する機会を初級レベルから上級レベルにわたって提供しているのが、日本漢字能力検定協会の各級の検定（問題）である。

漢検２級は、常用漢字表に掲げる二一三六字種が出題の対象であり、これは、まず基礎、基本を固める段階である。現在の漢字の字種の使用実態を見て、これに対応する漢字力の伸長を期するには、２級に続いて準１級に挑むことが必要であり必然である。その上で、古代から近世へ、そして明治時代以来昭和二十年頃までの著作物など（思想書、宗教書、文学作品、政治・経済など社会科学、また自然科学の著述等）を読みこなすには、1級に挑戦して、より豊かな漢字力を育成することが望まれることになる。

漢字の学習とは、単に漢字という文字を学習することではない。一字一字の字種の音や訓によって、言葉を身につけ、語彙を豊かにすることである。日本の文化、とりわけ言語文化に広く接し、専門を深く明らかにし、趣味や教養を豊かにする土台作りとして漢字の学習は位置づけられる。国語の語彙が豊かで言葉の使い方が的確であれば、その人柄（人間性）や知恵、知識が奥深くからおのずと滲み出るであろう。

漢検準1級が対象としている約三千字種を習得することができて、漸く古今の文章に親しむことができるようになる。合格の暁には、1級挑戦を志し、約六千字種の知識を身につけたい。自分の漢字力、ひいては国語の世界を充実させて、より文化的に向上する生活を目指す生涯学習を続けたいものである。

目次

一 読み

解説

A 音読み

B 訓読み

C 表外の読み

D 熟語の読み・一字訓読み

一　読み

言葉がその中で生きて働く文章の文脈に即して漢字を読む力を養成すること、そこにこの章の眼目があります。漢字は意味も読みも一つだけとはかぎりません。文章の中で使われている漢字が担っている意味を的確に把握し、その意味に見合った音、訓で読むことが求められます。常に漢字の読みと意味を確認しながら語句を記憶し、読解のための実践的な語彙力を養ってください。

A　音読み

ＪＩＳ第一水準に属する漢字のうち、常用漢字表に含まれる漢字以外の漢字（表外漢字）を中心に取り上げます。これは訓読みも同様です。漢字一字の読み方だけを覚えるよりも、熟語や成語・慣用句の形で漢字の意味を際立たせながら覚えていくと記憶にとどまりやすくなります。

例えば、「厨芥が悪臭を放つ」の傍線部分の読みは「ちゅうかい」ですが、その音読みと同時に「厨＝くりや」「芥＝あくた」という訓義が意識されていることが肝腎です。

また、漢字の字音は一字に対していくつもある場合が珍しくありません。「粥」の音読みは「シュク」「イク」と二通りあります。「かゆ」の意なら「シュク」で、「粥飯（しゅくはん）を供する」の場合がそれに相当します。また「ひさぐ・売る」の意なら「イク」で、「粥文（いくぶん）を生業とする」がその一例になります。

B　訓読み

訓読みを覚える際には、その漢字が同じ意味で用いられている音読みの熟語も合わせて覚えることをすすめます。

例えば、「己の技芸を琢く」における「琢く＝みがく」という訓に対応させて、「彫琢＝ちょうたく」という語を貯金しておきましょう。また、音読み同様、文脈によって訓を読み分ける必要がある場合があります。例えば、「呪い（のろい）をかける」「お呪い（まじない）を唱える」など。

C　表外の読み

常用漢字表に掲げる字種二一三六字について、表に掲げる音訓の外の音読み訓読みを問うものです。

訓読みは、その漢字の字義に由来しますが、中には表内の用い方だけでは思いもよらない読み方があります。例えば、「病勢がにわかに革まった」という文では、常用漢字表内の訓「かわ」にとらわれていると全く文意がつかめません。しかし、いったん「あらたまる」という訓を知ると、逆に「革命」「改革」に「革」の字が使われている理由が鮮明になります。同様に「与党」「参与」における「与」の訓義を考えてみてください。

D　熟語の読み・一字訓読み

熟語の読み（音読み）と、熟語を構成する漢字の、その語義にふさわしい訓読みが問われます。熟語の読み方とその字義が不可分の関係にあることを改めて確認することになります。一つの漢字がいくつかの字義を含む場合が少なくなく、当該の熟語にどのような字義を適用すべきかを殊更に考える必要が出てきます。

熟語を構成する漢字の訓読みを使って、その熟語の意味が説明できるかどうか試してみましょう。

「耽溺（たんでき）」→「ふける・おぼれる」、「怨念（おんねん）」→「うらむ・おもう」、「真贋（しんがん）」→「まこと・にせ」、「遁世（とんせい）」→「よをのがれる」というように。

問 次の傍線部分の読み（**音読み**）を**ひらがな**で記せ。

1 横書きの罫紙を使う。
2 人の云為をあげつらう。
3 古代の溝渠の跡が発見された。
4 なかなかの尤物と専らの噂だ。
5 防諜に万全を期する。
6 禾穀の豊熟する秋を迎えた。
7 郁郁として春の如くに暖かなり。
8 四囲に城柵を巡らす。
9 己の檮昧を恥じる。
10 世界最大の潟湖として知られる。

標準解答

1	2	3	4	5	6	7	8	9	10
けいし	うんい	こうきょ	ゆうぶつ	ぼうちょう	かこく	いくいく	じょうさく	とうまい	せきこ

11 嬰児のうちから養子にして育てる。
12 ご清穆の段お慶び申し上げます。
13 被告人に禁錮五年の判決が下った。
14 資産を売却して赤字を補塡する。
15 敢えて警世の禿筆をふるう。
16 爾汝の交わりを結ぶ。
17 藍綬褒章授与の内示があった。
18 恩師の萱堂は高齢であられる。
19 碧蓮小池を蓋って蛙声喧し。
20 楓葉荻花秋索索たり。

11	12	13	14	15	16	17	18	19	20
えいじ	せいぼく	きんこ	ほてん	とくひつ	じじょ	らんじゅ	けんどう	あせい	てきか てっか

問 次の傍線部分の読み（**音読み**）を**ひらがな**で記せ。

1 事務処理の杜漏をとがめられた。

2 陶器類を瀬戸物と汎称する。

3 突如剣戟の響きが起こった。

4 祭壇に神祇をまつる。

5 責任を問われて遁辞を弄する。

6 古諺を引いて説諭する。

7 応接は鄭重を極めた。

8 テロリストの爪牙にかかる。

9 鶏肋ながら尊兄の御高評を賜りたい。

10 船をドックへ曳航する。

標準解答

1	2	3	4	5	6	7	8	9	10
ずろう	はんしょう	けんげき	じんぎ	とんじ	こげん	ていちょう	そうが	けいろく	えいこう

11 翠嵐の山路を急ぐ。

12 さる卿相の落胤という。

13 酸鼻を極めた映像に戦慄が走った。

14 顔を覆って哀咽する。

15 衆に穎脱した人物だ。

16 背中の腫物に悩まされる。

17 胡乱な目つきでにらまれた。

18 些事にこだわって大局を見ない。

19 由緒ある神社の禰宜を拝命する。

20 朝して下大夫と言うに侃侃如たり。

11	12	13	14	15	16	17	18	19	20
すいらん	らくいん	せんりつ	あいえつ	えいだつ	しゅもつ	うろん	さじ	ねぎ	かんかんじょ

問 次の傍線部分の読み（**音読み**）を**ひらがな**で記せ。

1 政局の趨向を占う。
2 蓑笠の翁に道を尋ねた。
3 政局を読む慧眼には定評がある。
4 頁岩の打製石器が多数出土した。
5 涙が双頰を伝った。
6 補綴して完全を期する。
7 暴戻な略奪が横行した。
8 既に蟹行鳥跡に倦みたり。
9 駁する要もない愚論である。
10 ややあって師の允許を得た。

標準解答

1	2	3	4	5	6	7	8	9	10
すうこう	さりゅう	けいがん	けつがん	そうきょう	ほてい ほてつ	ぼうれい	かいこう	ばく	いんきょ

11 父親は末娘を一方ならず鍾愛した。
12 郷土の稗史を卒読する。
13 近隣の諸国が次々と併呑された。
14 絶滅が危惧される動物を保護する。
15 一揖して歩み去った。
16 妻の妬心に悩まされる。
17 師の遺稿集が上梓された。
18 将兵の功過を秤量する。
19 砂防用の堰堤を設ける。
20 柴扉暁にいずれば霜雪の如し。

11	12	13	14	15	16	17	18	19	20
しょうあい	はいし	へいどん	きぐ	いちゆう	としん	じょうし	しょうりょう ひょうりょう	えんてい	さいひ

問 次の傍線部分の読み（**音読み**）を**ひらがな**で記せ。

1 屑屑として家業に励む。
2 衆生済度の弘誓を立てる。
3 空になった瓶子が転がっている。
4 論文の参考資料を塡足する。
5 捷報にどっと歓声が上がった。
6 脳の組織が壊死状態になる。
7 紙鳶竹馬児の嬉しむを看る。
8 工廠の跡地が遊び場だった。
9 万死を矛戟の下に免れる。
10 傲慢な態度は相変わらずだった。

標準解答

1	2	3	4	5	6	7	8	9	10
せつせつ	ぐぜい	へいじ へいし	てんそく	しょうほう	えし	しえん	こうしょう	ぼうげき	ごうまん

---

11 哀憐の情を禁じ得ない。
12 掩蔽されていた事実が明るみに出た。
13 念入りに粉黛を施す。
14 上司から厳しい叱責を受けた。
15 故人に挽歌を捧げる。
16 老若貴賤を問わない。
17 激烈な逐鹿場裡に置かれる。
18 黄金の賞牌を手中に収めた。
19 荏苒と日を過ごす。
20 戎馬を殺して狐狸を求む。

11	12	13	14	15	16	17	18	19	20
あいれん	えんぺい	ふんたい	しっせき	ばんか	きせん	ちくろく	しょうはい	じんぜん	じゅうば

問 次の傍線部分の読み（**音読み**）を**ひらがな**で記せ。

1 蕃殖に適した条件を整える。
2 被疑者として警察署に勾引される。
3 夙昔の堅固な道心が揺らぐ。
4 歌唄の声に耳を傾ける。
5 日常使用する語彙を集めて調べる。
6 畑に厩肥をまく。
7 長く三派が鼎立した。
8 『論語』を枕頭の書とする。
9 昂然たる口振りで答えた。
10 草深い辺邑に生い育った。

標準解答

1	2	3	4	5	6	7	8	9	10
はんしょく	こういん	しゅくせき	かばい	ごい	きゅうひ	ていりつ	ちんとう	こうぜん	へんゆう

11 刻下の吃緊事である。
12 分娩の予定日を確かめる。
13 初歩から階梯を踏んで学ぶ。
14 前任者の推挽で会長に就任した。
15 不可思議な呪術を使う。
16 用紙に指紋を押捺する。
17 並み居る俊彦を前に語る。
18 二合五勺の米を炊く。
19 魔女として焚刑に処せられた。
20 善人と居ること芝蘭の室に入るが如し。

11	12	13	14	15	16	17	18	19	20
きっきん	ぶんべん	かいてい	すいばん	じゅじゅつ	おうなつ	しゅんげん	ごしゃく	ふんけい	しらん

問 次の傍線部分の読み（**音読み**）を**ひらがな**で記せ。

1 名代の舞妓が勢揃いした。

2 弓箭の家に生まれる。

3 近頃有卦に入っている。

4 母校の勝利に快哉を叫んだ。

5 領収証に収入印紙を貼付する。

6 酒肴をととのえて客を待つ。

7 巧緻な模型を丁寧に作り上げる。

8 斧斤を携えて山林に入る。

9 不壊の信仰心で鎧う。

10 旅行案内の袖珍本を携行する。

標準解答

1	2	3	4	5	6	7	8	9	10
ぶぎ	きゅうせん	うけ	かいさい	ちょうふ てんぷ	しゅこう	こうち	ふきん	ふえ	しゅうちん

11 舌尖鋭く論敵に迫る。

12 野中の茅茨に独居する。

13 政局を揺るがす椿事が出現した。

14 肌膚に粟を生じる。

15 亡父の墓に参り廻向する。

16 品行の砥礪に努める。

17 後世の毀誉を慮って決断を下す。

18 難攻不落の城砦を築く。

19 曽遊の地を再訪する。

20 井蛙大海を知らず。

11	12	13	14	15	16	17	18	19	20
ぜっせん	ぼうし	ちんじ	きふ	えこう	しれい	きよ	じょうさい	そうゆう	せいあ

問 次の傍線部分の読み（**音読み**）を**ひらがな**で記せ。

1 東の空に瑞雲がたなびいている。
2 夜々濤声を聞きつつ寝に就く。
3 鮎が急流を遡上する。
4 坤軸も為に揺らぐかと思わせた。
5 襟に真新しい徽章をつける。
6 旧友の鶯遷を祝賀する。
7 暁闇を衝いて出立した。
8 卯酉線は子午線と天球上で直交する。
9 牝牡の別を知り難い。
10 各地の民謡を集輯する。

標準解答

1	2	3	4	5	6	7	8	9	10
ずいうん	とうせい	そじょう	こんじく	きしょう	おうせん	ぎょうあん	ぼうゆう	ひんぼ	しゅうしゅう

11 古代中国では吉凶が亀卜で占われた。
12 亡者の怨念がこもっている。
13 穎才の誉れを得る。
14 乃父から言って聞かせることがある。
15 変事は辛巳の年に起きた。
16 今回は這般の事情により中止する。
17 彼の曖昧な態度に業を煮やした。
18 世俗の因習を蟬脱し真の自由を求める。
19 山中に野猿が群棲している。
20 桑梓二木を子孫に遺す。

11	12	13	14	15	16	17	18	19	20
きぼく	おんねん	えいさい	だいふ	しんし	しゃはん	あいまい	せんだつ	ぐんせい	そうし

問 次の傍線部分の読み（**音読み**）を**ひらがな**で記せ。

1 後継者は前任者の外甥にあたる。
2 銅壺の湯がたぎっている。
3 錫杖を鳴らして修験者が行く。
4 並びなき杏林と仰がれている。
5 霊前で弔文を捧読する。
6 没義道な仕打ちに耐えてきた。
7 新しい風土に馴化する。
8 参道に露店が櫛比している。
9 艶冶な物腰に心惹かれた。
10 古典文学叢書が発刊の運びとなった。

標準解答

1	2	3	4	5	6	7	8	9	10
がいせい	どうこ	しゃくじょう	きょうりん	ほうどく	もぎどう	じゅんか	しっぴ	えんや	そうしょ

11 少年の虞犯事由が述べられた。
12 慧悟にして至孝なり。
13 親友の訃報に接する。
14 かつてない祁寒の日々が続く。
15 執筆に没頭し戊夜に至った。
16 村々を托鉢して回る。
17 何者かに背後から狙撃された。
18 廟議は深更に及んだ。
19 故郷の翠黛を遥かに望む。
20 大姦は忠に似たり。

11	12	13	14	15	16	17	18	19	20
ぐはん	けいご	ふほう	きかん	ぼや	たくはつ	そげき	びょうぎ	すいたい	たいかん

問　次の傍線部分の読み（**音読み**）を**ひらがな**で記せ。

1　長大な自然薯を掘り出した。

2　水鳥が汀渚に群れている。

3　領内普く徳治の馨香が及んだ。

4　荻の群生する藪沢に出た。

5　蔚蔚たる巨樹の蔭に憩う。

6　二人は姻戚関係にある。

7　鉛錘を用いて測量する。

8　欽定訳聖書を読む。

9　原料の繭糸を加工する。

10　劫末もかくやと思わせる。

標準解答

1	2	3	4	5	6	7	8	9	10
じねんじょ	ていしょ	けいこう	そうたく	うつうつ	いんせき	えんすい	きんてい	けんし	ごうまつ

11　色とりどりの鳴禽を飼う。

12　熊掌の珍味に舌鼓を打つ。

13　半生を斯道に捧げた。

14　深夜までミステリー小説を耽読する。

15　煙霞の癖が高じてきた。

16　読み辛い蠅頭細書で記されている。

17　市中には登るべき岡阜もない。

18　破産して郷里に逼塞する。

19　碩徳の講話を謹聴する。

20　穆として清風の如し。

11	12	13	14	15	16	17	18	19	20
めいきん	ゆうしょう	しどう	たんどく	えんか	ようとう	こうふ	ひっそく	せきとく	ぼく

読み
書き取り
対義語・類義語
四字熟語
故事・成語・諺
文章

問 次の傍線部分の読み（**音読み**）を**ひらがな**で記せ。

1 異国の妖姫に魂を奪われる。
2 子供の頃から蒐集癖がある。
3 紅蓮の焔が夜空を焦がす。
4 盟友の背信に赫怒した。
5 長兄に畏怖の念を抱いていた。
6 恣意的な逮捕や拘束を禁止する。
7 大嘗会が盛大に催された。
8 不満気な口吻を洩らす。
9 平野部に都邑が発達している。
10 暢達な文体で名作を物した。

標準解答

1	2	3	4	5	6	7	8	9	10
ようき	しゅうしゅう	ぐれん	かくど	いふ	しい	だいじょうえ	こうふん	とゆう	ちょうたつ

11 蜜蜂が花蕊に纏わっている。
12 叩扉して出馬を請う。
13 両親の膝下を離れて上京する。
14 綾子の帯を締める。
15 自らの樗材たることを恥じる。
16 裏の事情を知悉している。
17 壺中の天地に遊ぶ思いだ。
18 輸送船団を掩護する。
19 古典芸能に造詣が深い。
20 鉄桶水を漏らさず。

11	12	13	14	15	16	17	18	19	20
かずい	こうひ	しっか	りんず	ちょざい	ちしつ	こちゅう	えんご	ぞうけい	てっとう

問　次の傍線部分の読み（**音読み**）を**ひらがな**で記せ。

1 逐一倭訓が付されている。
2 優渥なるお言葉を賜った。
3 母校の光耀ある歴史を寿ぐ。
4 薙髪して世俗を遁れた。
5 禾穂の成熟が遅れている。
6 得も言われぬ芳馨に誘われる。
7 頸椎を痛めて通院している。
8 閣下の容体を案ずる。
9 境内に亭々たる老杉がある。
10 勃如として気色ばんだ。

標準解答

1	2	3	4	5	6	7	8	9	10
わくん	ゆうあく	こうよう	ちはつ ていはつ	かすい	ほうけい	けいつい	こうか	ろうさん	ぼつじょ

11 相変わらず鷹揚に構えている。
12 奥深い俳諧の世界に浸る。
13 本山から牒状が送られてきた。
14 夙夜経営に心を悩ます。
15 無用の詮議立てはしない。
16 巌頭に立って吟詠する。
17 一瞥をくれて通り過ぎた。
18 旅の宿で灘響を聞く。
19 屢次の大火で町並みが変わった。
20 董狐の筆に倣う。

11	12	13	14	15	16	17	18	19	20
おうよう	はいかい	ちょうじょう	しゅくや	せんぎ	がんとう	いちべつ	だんきょう たんきょう	るじ	とうこ

問 次の傍線部分の読み（**音読み**）を**ひらがな**で記せ。

1 稀代の名優として世に喧伝された。
2 花吹雪の凄艶な風情に息を呑む。
3 なにとぞ事情を御憐察ください。
4 東海随一の要津として栄えた。
5 伽羅蕗で茶漬けを食う。
6 庚寅の年に起筆した。
7 各党の領袖に諮る。
8 インフレが更に昂進する。
9 欽慕の念を抱いている。
10 曽祖母の椿寿を喜ぶ。

標準解答

1	2	3	4	5	6	7	8	9	10
けんでん	せいえん	れんさつ	ようしん	きゃら	こういん	りょうしゅう	こうしん	きんぼ	ちんじゅ

11 自説を喋喋と弁じる。
12 紙を矩形に切る。
13 領主は豪宕な気性で知られた。
14 膝行して主の御前に進む。
15 来る十日の佳辰に挙式する。
16 俗諺を頻用する癖がある。
17 祖先の霊廟に額ずく。
18 彼此の懸隔が甚だしい。
19 間関たる鶯語、花底に滑らかなり。
20 大魚の水を呑吐するに似る。

11	12	13	14	15	16	17	18	19	20
ちょうちょう	くけい	ごうとう	しっこう	かしん	ぞくげん	れいびょう	ひし	おうご	どんと

問 次の傍線部分の読み（**音読み**）を**ひらがな**で記せ。

1 源氏の後胤を自称する。
2 巽位に火の手が上がった。
3 村の老爺から昔話を聞く。
4 縦容として危地に赴く。
5 両国間の紐帯を強化する。
6 孝悌の道に適っている。
7 未開拓の沃土が拡がっている。
8 赫灼たる日輪が大地を焦がす。
9 わが茅屋に珍客が来た。
10 怯夫をして立たしめる力がある。

標準解答

1	2	3	4	5	6	7	8	9	10
こういん	そんい	ろうや	しょうよう	ちゅうたい じゅうたい	こうてい	よくど	かくしゃく	ぼうおく	きょうふ

---

11 密輸組織の渠魁が検挙された。
12 比喩を用いて状況を説明する。
13 祖父は異国の鄭声を忌み嫌った。
14 金無垢の仏像を安置する。
15 寸隙を割いて相談に乗る。
16 少年の慧敏さに舌を巻いた。
17 剃度の望みが叶えられた。
18 秘蔵の硯を賞翫する。
19 叩頭して非礼を詫びる。
20 君子は庖厨を遠ざく。

11	12	13	14	15	16	17	18	19	20
きょかい	ひゆ	ていせい	きんむく	すんげき	けいびん	ていど	しょうがん	こうとう	ほうちゅう

問 次の傍線部分の読み（**音読み**）を**ひらがな**で記せ。

1 或問形式で考えを述べる。
2 問題解決への真摯な対応が望まれる。
3 嵯峨たる高峰が聯亙する。
4 桐油を引いた紙で金具を包む。
5 発心して鉄杵を磨く。
6 犯行の動機を審訊する。
7 骨董弄りの趣味がある。
8 旧師の劉覧を請う。
9 庚申の晩に縁者が集まった。
10 警備の兵に誰何された。

標準解答

1	2	3	4	5	6	7	8	9	10
わくもん	しんし	れんこう	とうゆ	てっしょ	しんじん	こっとう	りゅうらん	こうしん	すいか

11 辣腕家として有名な弁護士だ。
12 小人鼠輩は相手にしない。
13 戎器は残らず没収された。
14 前社長を名誉会長に推戴する。
15 敵の臣妾となるのを潔しとしない。
16 天子の叡慮を仰ぐ。
17 温度の上昇と共に体積が膨脹した。
18 献芹の誠を尽くす。
19 揖譲して升下し而して飲む。
20 命旦夕に迫る。

11	12	13	14	15	16	17	18	19	20
らつわん	そはい	じゅうき	すいたい	しんしょう	えいりょ	ぼうちょう	けんきん	ゆうじょう	たんせき

問 次の傍線部分の読み**（訓読み）**を**ひらがな**で記せ。

1 来る朔の正午に出立する。

2 忽せにできない問題だ。

3 水辺の真菰を刈る。

4 鐙に足を掛けて跨がった。

5 商売敵に足を掬われる。

6 千尋の海底に沈んだ。

7 堰かれていっそう思いが募った。

8 笈に書物を詰めて家を出た。

9 門を杜いで籠居する。

10 ようやくデビューが叶った。

標準解答

1	2	3	4	5	6	7	8	9	10
ついたち	ゆるが	まこも	あぶみ	すく	ちひろ	せ	おい	ふさ	かな

11 反故紙を漉き返して再利用する。

12 夙に学に志し、たゆまず勉強した。

13 面影を偲んで花を手向ける。

14 今や大家族の竈将軍だ。

15 敷地を檜垣で仕切ってある。

16 轡を並べて合格した。

17 些々たることを尤めない。

18 陣地の前に壕がある。

19 徐々に病魔に蝕まれた。

20 甑に坐するが如し。

11	12	13	14	15	16	17	18	19	20
す	つと	しの	かまど	ひがき	くつわ	とが	ほり	むしば	こしき

読み
書き取り
対義語・類義語
四字熟語
故事・成語・諺
文章

問 次の傍線部分の読み（**訓読み**）を**ひらがな**で記せ。

1 動物に寓けた話だ。

2 棉花が二梱送られてきた。

3 時流をはるかに挺いている。

4 川の瀞で釣り糸を垂れる。

5 いくら足掻いても無駄だ。

6 野点の席を設えることになった。

7 誰か能く之を碍げん。

8 綿入れから袷に更える。

9 怯んだようには見えない。

10 朝露に裳裾を濡らす。

標準解答

1	2	3	4	5	6	7	8	9	10
かこつ	ふたこり ふたこうり	ぬ	とろ	あが	のだて	さまた	あわせ	ひる	もすそ

11 成り上がり者の昂った態度が気に障る。

12 沓を取らんばかりに世話を焼く。

13 我が子の善行を嘉する。

14 思わぬ饗しを受けた。

15 粥腹で力が出ない。

16 些か配慮に欠けた点がある。

17 着物の裾を捌く。

18 古墳から勾玉が多数出た。

19 戦を見て矢を矧ぐ。

20 御簾を隔てて高座を覗く。

11	12	13	14	15	16	17	18	19	20
たかぶ	くつ	よみ	もてな	かゆばら	いささ	さば	まがたま	は	みす

問 次の傍線部分の読み（**訓読み**）を**ひらがな**で記せ。

1 花粉をもつ蕊と受精する蕊とがある。

2 陶器市で絵入りの丼鉢を買った。

3 時勢に阿る俗論と評された。

4 荊を負って生きてゆく。

5 素材に靭やかな感触の革を使う。

6 過去の足跡を辿る。

7 遣り戸は蔀の間よりも明し。

8 薪を井桁に積んで火をつける。

9 布地に絢を織り出す。

10 利に聡い人だ。

標準解答

1	2	3	4	5	6	7	8	9	10
しべ	どんぶりばち	おもね	いばら	しな	たど	しとみ	いげた	あや	さと

11 春風が塘を吹き渡る。

12 十二単に檜扇をもつ正式の装いだ。

13 猷りて易きに付くなかれ。

14 俄普請で不具合が多い。

15 窃かに覗う者がある。

16 互いに衿を開いて語り合った。

17 役者の艶姿に魅了される。

18 殆この稼業が厭になった。

19 日当たりのよい土手で早蕨を摘む。

20 迺ち復変じて一と為る。

11	12	13	14	15	16	17	18	19	20
つつみ	ひおうぎ	はか	にわか	うかが	えり	あですがた	ほとほと	さわらび	すなわ

読み
書き取り
対義語・類義語
四字熟語
故事・成語・諺
文章

問 次の傍線部分の読み（**訓読み**）を**ひらがな**で記せ。

1 艮の方角は鬼門である。
2 春秋鼎に盛んなり。
3 坐らにして天下の大勢を知る。
4 庭に大きな椋の木がある。
5 荷台に幌をかける。
6 瀆る態度は許せない。
7 舗道に霧が澱んでいる。
8 狛犬を写真に撮る。
9 霊験灼な神様に祈願する。
10 休暇には屢この地を訪れる。

標準解答

1	2	3	4	5	6	7	8	9	10
うしとら	まさ	いなが	むく	ほろ	あなど	よど	こまいぬ	あらたか	しばしば

11 思いの外に巌しく難渋を極めた。
12 利鎌の如き月が昇った。
13 骨肉同士が互いに詑いていた。
14 魁の功名を上げる。
15 私生活を穿る週刊誌が多い。
16 悉にこの世の辛酸を嘗めた。
17 何かと僻事を並べる。
18 筏で大洋を漂流する。
19 心の欲する所に従えども矩をこえず。
20 三たび思いて而る後行う。

11	12	13	14	15	16	17	18	19	20
けわ	とがま とかま	あざむ	さきがけ	ほじく ほじ	つぶさ	ひがごと	いかだ	のり	しか

問　次の傍線部分の読み（**訓読み**）を**ひらがな**で記せ。

1　背中に灸の痕がある。

2　佃煮の名産地として知られる。

3　多くを見て殆うきを欠く。

4　疲労が澱のように溜まった。

5　スペイン語を噛ったことがある。

6　同郷の誼で親しくしています。

7　師を凌ぐほどに上達した。

8　韓紅の衣を身に纏う。

9　武芸十八般に亘って心得がある。

10　事件の全容を摑む。

標準解答

1	2	3	4	5	6	7	8	9	10
やいと	つくだに	あや	おり	かじ	よしみ	しの	からくれない	わた	つか

11　樵が通るだけの険しい道だ。

12　スカートの裾を丹念に纏ってしあげる。

13　店晒しの案件を論議する。

14　坐に故人が偲ばれる。

15　卒爾乍らお伺いします。

16　穿った見方をする。

17　使った梯を納屋に入れる。

18　甲子の年に完成した。

19　公園の四阿で一休みする。

20　詩は志の之く所なり。

11	12	13	14	15	16	17	18	19	20
きこり	まつ	たなざら	そぞろ	なが	うが	はしご	きのえね	あずまや	ゆ

問 次の傍線部分の読み（**訓読み**）を**ひらがな**で記せ。

1 厨で忙しく立ち働く。
2 誰か能く之を禦がんや。
3 縞鯵の刺身を堪能する。
4 二人の関係が歪になる。
5 鴇は特別天然記念物である。
6 書画骨董を翫んでいる。
7 宮殿の一隅に立派な厩がある。
8 斑入りの朝顔が咲いた。
9 パルプなどに椴松を用いる。
10 姦しい声を張り上げて笑う。

標準解答

1	2	3	4	5	6	7	8	9	10
くりや	ふせ	しまあじ	いびつ	とき	もてあそ	うまや	ふい	とどまつ	かしま

11 衆に擢んでた力量をもつ。
12 荻の自生する湿地だ。
13 言い終わるや奄ち坐したまま遷化した。
14 愈の時は加勢してもらいたい。
15 駄菓子や文具を粥いでいる。
16 嘲りや非難を意に介さない人だ。
17 恕すことを教えられた。
18 野蒜を摘んで汁の実にする。
19 姑く汝の学ぶ所を舎きて我に従え。
20 誠は韮の葉に包む。

11	12	13	14	15	16	17	18	19	20
ぬき	おぎ	たちま	いよいよ	ひさ	あざけ	ゆる	のびる	しばら	にら

問 次の傍線部分の読み（**訓読み**）を**ひらがな**で記せ。

1 惟適に之安んず。

2 燕が軒下を掠めて過ぎた。

3 轍に息づく鮒のようだ。

4 へそくりを叩いて買った。

5 沓石が苔むしている。

6 諒に我を知らず。

7 京の洛で一旗あげる。

8 櫓を組んで太鼓を据える。

9 細流湊まって大河を成す。

10 儘よ、どうともなるがよい。

標準解答

1	2	3	4	5	6	7	8	9	10
ただだ	かす	わだち	はた	くついし	まこと	みやこ	やぐら	あつ	まま

11 盆の迎え火に苧殻を焚く。

12 岨づたいの難路を行く。

13 温室に入ると郁しい花の香りがした。

14 巽の方角に向かう。

15 時を窺って雌伏する。

16 焼きたてのパンの匂いを嗅ぐ。

17 曲解の誹りを免れない。

18 交替で哨に立つ。

19 怯じるようすは見えない。

20 廓の金には詰まるが習い。

11	12	13	14	15	16	17	18	19	20
おがら	そば そわ	かぐわ	たつみ	うかが	か	そし	みはり	お	くるわ

問　次の傍線部分の読み（**訓読み**）を**ひらがな**で記せ。

1 托むことができる相手だ。

2 八重葎の繁るあばら屋を訪れた。

3 愛用の徳利は錫でできている。

4 相場を煽る動きがある。

5 瓢を腰に紅葉狩り。

6 夷顔で顧客に応対する。

7 両派の策を摺り合わせる。

8 蕗味噌を嘗めたような顔をする。

9 丙午の年は火災が多いという。

10 主に叛く結果となった。

標準解答

1	2	3	4	5	6	7	8	9	10
たの	やえむぐら	すず	あお	ふくべ ひさご	えびすがお	す	ふき	ひのえうま	そむ

11 鋤鍬を捨てて国事に赴く。

12 暴利を貪ることなく堅実な経営を行う。

13 沫雪が斑に降り敷いている。

14 傷ついた兎を蒲の穂で癒やす話がある。

15 頗る元気な小馬だ。

16 醤油の醸造に麹かびを用いる。

17 乍ち一首詠んでみせた。

18 道の阿に朽ちかけた小屋がある。

19 汲めども尽きぬ味わいがある。

20 威を以て之を董す。

11	12	13	14	15	16	17	18	19	20
すきくわ	むさぼ	あわゆき	がま	すこぶ	こうじ	たちま	くま	く	ただ

問 次の**熟字訓・当て字の読み**を記せ。

1 百日紅
2 家鴨
3 秋刀魚
4 瓦斯
5 海豚
6 牡蠣
7 土竜
8 角力
9 烏賊
10 大蒜

標準解答

1	2	3	4	5	6	7	8	9	10
さるすべり	あひる	さんま	ガス	いるか	かき	もぐら	すもう	いか	にんにく

11 一寸
12 柘植
13 雀斑
14 河豚
15 胡坐
16 朱鷺
17 蒲公英
18 百足
19 万年青
20 煙管

11	12	13	14	15	16	17	18	19	20
ちょっと	つげ	そばかす	ふぐ	あぐら	とき	たんぽぽ	むかで	おもと	キセル

問 次の傍線部分はすべて**国字**を含んでいる。傍線部分の読みを**ひらがな**で記せ。

1 椛のような可愛い手をしている。
2 御伽噺の世界そのままだ。
3 矢鱈な事を言うものではない。
4 当代一の鑓の遣い手とされる。
5 栃餅を馳走になった。
6 凪いだ海が鏡のようだ。
7 材質の堅い樫は用途が広い。
8 鰯は暖流に乗って回遊する。
9 木の俣に鳥の巣がある。
10 硲の村で一夜の宿を乞う。

標準解答

1	2	3	4	5	6	7	8	9	10
もみじ	おとぎばなし	やたら	やり	とちもち	な	かし	いわし	また	はざま

11 真珠の計量単位に匁を用いる。
12 畠物の出来が良い。
13 椙の皮で屋根を葺く。
14 凧糸で豚肉の塊を縛った。
15 足許から鴫が立つ。
16 菊の花が咲き匂う。
17 軒から雫が落ちる。
18 栂の木の下で雨宿りする。
19 榊を神前に供える。
20 蔵に籾を貯える。

11	12	13	14	15	16	17	18	19	20
もんめ	はたもの はたけもの	すぎ	たこいと	しぎ	にお	しずく	つが とが	さかき	もみ

C 表外の読み

問 次の傍線部分は常用漢字である。その**表外**の**読み**を**ひらがな**で記せ。

1 文学を克く解する。

2 事の理非を糾す。

3 縦の行動を取る。

4 恋人の不実を詰る。

5 賢しらな振る舞いに眉をひそめる。

6 種々の学芸を攻めた。

7 頼まれて知人を匿っていた。

8 芝居擬のセリフを吐く。

9 道が凍てついている。

10 持参の本が適役に立った。

標準解答

1	2	3	4	5	6	7	8	9	10
よ	ただ	ほしいまま	なじ	さか	おさ	かくま	もどき	い	たまたま

11 瓶の上部が括れている。

12 ひたすら戚むばかりだ。

13 労いの言葉を掛ける。

14 破れ鐘のような声で怒鳴る。

15 病身の老母に事える。

16 寛い心の持ち主である。

17 主君に殉う者が相次いだ。

18 学生たちが屯している。

19 古文書漁りに血道をあげる。

20 庭の池は心字を象っている。

11	12	13	14	15	16	17	18	19	20
くび	いた	ねぎら	わ	つか	ひろ	したが	たむろ	あさ	かたど

問 次の傍線部分は常用漢字である。その**表外の読み**を**ひらがな**で記せ。

1 常々生活苦を託っている。
2 破滅の予感に戦いている。
3 宴席は弥が上にも盛り上がった。
4 色紙に筆を揮う。
5 君に肖りたいものだ。
6 帳簿を具に調べられた。
7 太だ無念に思う。
8 周囲への慮りに欠ける。
9 幾ど成功するかに見えた。
10 人の論うに任せる。

標準解答

1	2	3	4	5	6	7	8	9	10
かこ	おのの	いや	ふる	あやか	つぶさ	はなは	おもんぱか	ほとん	あげつら

11 頭を垂れて故郷を思う。
12 古式に法って執り行う。
13 寧ろこの方がよい。
14 逸る心を抑える。
15 登山隊の殿を務める。
16 老いの遊びに茶を習う。
17 態とそうしたとは思えない。
18 古式に則り雅やかな歌会が開かれた。
19 計画は徐々に萎んでいった。
20 はや十年に垂とする。

11	12	13	14	15	16	17	18	19	20
こうべ	のっと	むし	はや	しんがり	すさ	わざ	みやび	しぼ	なんなん

問　次の傍線部分は常用漢字である。その**表外の読み**を**ひらがな**で記せ。

1　さんざん焦れて待つ。
2　罷りまちがうと命取りになる。
3　蟻宛らに働いた。
4　荘かな空気が漂っている。
5　いずれの意見にも与しない。
6　時を歴て帰還した。
7　委しい条件を確かめる。
8　地位を利用して邪なことをする。
9　境界に標を引き巡らす。
10　突然、病勢が革まった。

標準解答

1	2	3	4	5	6	7	8	9	10
じ	まか	さなが	おごそ	くみ	へ	くわ	よこしま	しめ	あらた

11　道楽息子のことを友人に零す。
12　皿嘗めた猫が科を負う。
13　とんでもないことを企んでいる。
14　夫婦二人で約やかに暮らす。
15　我と我が身を苛んだ。
16　円かに夢路をたどる。
17　戦で勲を立てた。
18　徐々に心が和いできた。
19　間髪を容れず二の矢を番える。
20　粗満点の出来だった。

11	12	13	14	15	16	17	18	19	20
こぼ	とが	たくら	つづま	さいな	まど	いさお いさおし	な	つが	ほぼ

問 次の傍線部分は常用漢字である。その**表外**の**読み**を**ひらがな**で記せ。

1 楼閣が参差として立ち並ぶ。
2 計画の挫折を憾んだ。
3 都て私の責任だ。
4 世故に長けている。
5 一味を難所に誘き入れた。
6 咽ぶような風の音がする。
7 部屋の設えが凝っている。
8 未だ以て我が先王を戚えしむ可からず。
9 母親から手紙を託かる。
10 嬰児の幼い仕種に頰を緩める。

標準解答

1	2	3	4	5	6	7	8	9	10
しんし	うら	すべ	た	おび	むせ	しつら	うれ	ことづ	いとけな

11 日本語としてよく熟れた訳文だ。
12 恭しく神前に額ずく。
13 人情をよく弁えている。
14 因に明日が最終日となります。
15 鮭の身が解れる。
16 予て承知している。
17 妻が点てた抹茶で一服した。
18 妖かしく科をつくる。
19 扱かれて音を上げた。
20 棚に布袋の置物が飾ってある。

11	12	13	14	15	16	17	18	19	20
こな	ぬか	わきま	ちなみ	ほぐ	かね	た	なまめ	しご	ほてい

問　次の傍線部分は常用漢字である。その**表外**の**読み**を**ひらがな**で記せ。

1 とても現とは思えない。
2 細やかなパーティーを開く。
3 皆が斉しく異議を唱えた。
4 宛も戦場の光景を思わせる。
5 打打と木を伐る。
6 国の政治を掌る。
7 万の相談事に応じる。
8 雨に花見の感興を殺がれた。
9 頃く黙禱を捧げた。
10 件の話が持ち出された。

標準解答

1	2	3	4	5	6	7	8	9	10
うつつ	ささ	ひと	あたか	ちょうちょう	つかさど	よろず	そ	しばら	くだん

11 係の者に事情を質す。
12 寛いでいる暇がない。
13 奇計を運らして敵を苦しめた。
14 頑に自説をまげない。
15 豪勢に薦被りが並ぶ。
16 寒さに託けて酒を飲む。
17 讃嘆措く能わざる逸品である。
18 謙った態度で応対する。
19 口中でお呪いを唱える。
20 半ば風化した碑がたっている。

11	12	13	14	15	16	17	18	19	20
ただ	くつろ	めぐ	かたくな	こもかぶ	かこつ	お	へりくだ	まじな	いしぶみ

問 次の傍線部分は常用漢字である。その**表外**の**読み**を**ひらがな**で記せ。

1 予め御連絡申し上げます。
2 荒んだ暮らし振りを改める。
3 和解後も凝りが残った。
4 原因を詳らかに調査する。
5 売り場に人が集っていた。
6 つくづく病の身を患える。
7 申し出を快く諾う。
8 濃やかな心遣いを示す。
9 君の話は概ね理解した。
10 歌を一首仕ります。

標準解答

1	2	3	4	5	6	7	8	9	10
あらかじ	すさ	しこ	つまび	たか	うれ	うべな	こま	おおむ	つかまつ

11 ふと疑念が過った。
12 疎かに扱ってはならない。
13 希望に副うよう努める。
14 こっそり賂いを取っていた。
15 努努疑ってはならぬ。
16 条約案の起草に与る。
17 売れば某かの金になるだろう。
18 反対派を要職から斥ける。
19 世俗の旧套に泥む。
20 満酌辞するを須いず。

11	12	13	14	15	16	17	18	19	20
よぎ	おろそ	そ	まいな	ゆめゆめ	あずか	なにがし	しりぞ	なず	もち

問　次の傍線部分は常用漢字である。その**表外の読み**を**ひらがな**で記せ。

1 精しく教えていただいた。

2 身を修め家を斉える。

3 諸の立場を考慮する。

4 厚情を辱くする。

5 宿敵と戦場で見える。

6 誰もが挙って参加する。

7 世間の柵を断ち切る。

8 雲を衝くばかりの大男だ。

9 漫りに金を遣う。

10 背に創を負った。

標準解答

1	2	3	4	5	6	7	8	9	10
くわ	ととの	もろもろ	かたじけな	まみ	こぞ	しがらみ	つ	みだ	きず

11 審らかな事情は明らかでない。

12 汗と涙で購われた成功だ。

13 強か飲んで正体を失う。

14 己の真価を験す。

15 陛に霜が降りている。

16 遅めの夕飯を認めた。

17 乱れた風紀を規す。

18 遜った言葉遣いが却って失礼だ。

19 先が支えている。

20 転た哀惜の念に堪えない。

11	12	13	14	15	16	17	18	19	20
つまび	あがな	したた	ため	きざはし	したた	ただ	へりくだ	つか	うた

問 次の傍線部分は常用漢字である。その**表外**の**読み**を**ひらがな**で記せ。

1 徒に存えることは望まない。
2 余念なく研究に勤しむ。
3 世の泰平を寿いだ。
4 清かな月の光が射している。
5 書類が堆く積まれている。
6 徐に立ち上がった。
7 作戦は尽く成功した。
8 古の風儀を尚んでいる。
9 序でにひとこと言っておく。
10 既に十年を閲した。

標準解答

1	2	3	4	5	6	7	8	9	10
ながら	いそ	ことほ	さや	うずたか	おもむろ	ことごと	とうと たっと	つい	けみ

11 昨年愛娘を亡った。
12 剰え日も暮れてきた。
13 利に敏いところがある。
14 話の緒をつかむ。
15 偏にお詫び申し上げます。
16 岳父の御眼鏡に適った。
17 犯行を直隠しにする。
18 旺んに意欲を示す。
19 長年好を結んできた。
20 叢に集く虫の音に聴き入る。

11	12	13	14	15	16	17	18	19	20
まな	あまつさ	さと	いとぐち	ひとえ	かな	ひた	さか	よしみ	すだ

D 熟語の読み・一字訓読み

問 次の**熟語の読み**（**音読み**）と、その**語義**にふさわしい**訓読み**を（送りがなに注意して）**ひらがな**で記せ。

〈例〉 健勝……勝れる↓

けんしょう
すぐ

ア 1 奉戴……2 戴く

イ 3 嬰鱗……4 嬰れる

ウ 5 膏沃……6 膏える

エ 7 諫止……8 諫める

オ 9 趨向……10 趨く

カ 11 暢茂……12 暢びる

キ 13 窺管……14 窺く

ク 15 永訣……16 訣れる

ケ 17 萌生……18 萌す

コ 19 僻見……20 僻る

標準解答

ア		イ		ウ		エ		オ		カ		キ		ク		ケ		コ	
1	2	3	4	5	6	7	8	9	10	11	12	13	14	15	16	17	18	19	20
ほうたい	いただ	えいりん	ふ	こうよく	こ	かんし	いさ	すうこう	おもむ	ちょうも	の	きかん	のぞ	えいけつ	わか	ほうせい ぼうせい	きざ	へきけん	かたよ

サ 21 畢生……22 畢わる

シ 23 輿望……24 輿い

ス 25 編纂……26 纂める

セ 27 晦蔵……28 晦ます

ソ 29 蔑如……30 蔑む

タ 31 錯謬……32 謬る

チ 33 訊責……34 訊う

ツ 35 匡弼……36 匡す

テ 37 幽昧……38 昧い

ト 39 徽言……40 徽い

サ		シ		ス		セ		ソ		タ		チ		ツ		テ		ト	
21	22	23	24	25	26	27	28	29	30	31	32	33	34	35	36	37	38	39	40
ひっせい	お	よぼう	おお	へんさん	あつ	かいぞう	くら	べつじょ	さげす	さくびゅう	あやま	じんせき	と	きょうひつ	ただ	ゆうまい	くら	きげん	よ

問 次の**熟語の読み**（**音読み**）と、その**語義**にふさわしい**訓読み**を（送りがなに注意して）**ひらがな**で記せ。

ア 1 弘毅……2 毅い
イ 3 礪行……4 礪く
ウ 5 劃定……6 劃る
エ 7 優渥……8 渥い
オ 9 挫折……10 挫ける
カ 11 凋残……12 凋む
キ 13 擢用……14 擢く
ク 15 捺印……16 捺す
ケ 17 周匝……18 匝る
コ 19 歎傷……20 歎く

標準解答

ア		イ		ウ		エ		オ		カ		キ		ク		ケ		コ	
1	2	3	4	5	6	7	8	9	10	11	12	13	14	15	16	17	18	19	20
こうき	つよ	れいこう	みが	かくてい	くぎ	ゆうあく	あつ	ざせつ	くじ	ちょうざん	しぼ	てきよう たくよう	ぬ	なついん	お	しゅうそう	めぐ	たんしょう	なげ

サ 21 酔臥……22 臥す
シ 23 決潰……24 潰える
ス 25 冶金……26 冶る
セ 27 嘉尚……28 嘉する
ソ 29 堰塞……30 堰く
タ 31 詣拝……32 詣でる
チ 33 輔佐……34 輔ける
ツ 35 馴致……36 馴らす
テ 37 鍾寵……38 鍾める
ト 39 靱性……40 靱やか

サ		シ		ス		セ		ソ		タ		チ		ツ		テ		ト	
21	22	23	24	25	26	27	28	29	30	31	32	33	34	35	36	37	38	39	40
すいが	ふ	けっかい	つい	やきん	い	かしょう	よみ	えんそく	せ	けいはい	もう	ほさ	たす	じゅんち	な	しょうちょう	あつ	じんせい	しな

問 次の**熟語の読み**（**音読み**）と、その**語義**にふさわしい**訓読み**を（送りがなに注意して）**ひらがな**で記せ。

ア 1 彫琢……2 琢く

イ 3 繫駕……4 繫ぐ

ウ 5 編輯……6 輯める

エ 7 哀戚……8 戚む

オ 9 烹炊……10 烹る

カ 11 翫笑……12 翫る

キ 13 蕃殖……14 蕃る

ク 15 艶冶……16 艶かしい

ケ 17 蒐荷……18 蒐める

コ 19 遡航……20 遡る

標準解答

ア		イ		ウ		エ		オ		カ		キ		ク		ケ		コ	
1	2	3	4	5	6	7	8	9	10	11	12	13	14	15	16	17	18	19	20
ちょうたく	みが	けいが	つな	へんしゅう	あつ	あいせき	いた	ほうすい	に	がんしょう	あなど	はんしょく	しげ	えんや	なまめ	しゅうか	あつ	そこう	さかのぼ

サ 21 切瑳……22 瑳く

シ 23 捷報……24 捷つ

ス 25 聯亙……26 亙る

セ 27 破綻……28 綻びる

ソ 29 宥恕……30 恕す

タ 31 敦朴……32 敦い

チ 33 蕪雑……34 蕪れる

ツ 35 厭悪……36 悪む

テ 37 允可……38 允す

ト 39 盈虚……40 盈ちる

サ		シ		ス		セ		ソ		タ		チ		ツ		テ		ト	
21	22	23	24	25	26	27	28	29	30	31	32	33	34	35	36	37	38	39	40
せっさ	みが	しょうほう	か	れんこう	わた	はたん	ほころ	ゆうじょ	ゆる	とんぼく	あつ	ぶざつ	みだ あ	えんお	にく	いんか	ゆる	えいきょ	み

問 次の**熟語の読み**（**音読み**）と、その**語義**にふさわしい**訓読み**を（送りがなに注意して）**ひらがな**で記せ。

ア 1 頑魯……2 魯か
イ 3 降魔……4 降す
ウ 5 豊穰……6 穰る
エ 7 晦冥……8 晦い
オ 9 匡済……10 済う
カ 11 天佑……12 佑け
キ 13 悉皆……14 悉く
ク 15 阻碍……16 碍げる
ケ 17 侃侃……18 侃い
コ 19 肇造……20 肇める

標準解答

ア	1	がんろ
	2	おろ
イ	3	ごうま
	4	くだ
ウ	5	ほうじょう
	6	みの
エ	7	かいめい
	8	くら
オ	9	きょうさい
	10	すく
カ	11	てんゆう
	12	たす
キ	13	しっかい
	14	ことごと
ク	15	そがい
	16	さまた
ケ	17	かんかん
	18	つよ
コ	19	ちょうぞう
	20	はじ

サ 21 棲息……22 棲む
シ 23 輔弼……24 弼ける
ス 25 汎称……26 汎い
セ 27 萌芽……28 萌む
ソ 29 一瞥……30 瞥る
タ 31 掩護……32 掩う
チ 33 瀆職……34 瀆す
ツ 35 拭浄……36 拭う
テ 37 捧呈……38 捧げる
ト 39 凱風……40 凱らぐ

サ	21	せいそく
	22	す
シ	23	ほひつ
	24	たす
ス	25	はんしょう
	26	ひろ
セ	27	ほうが
	28	めぐ
ソ	29	いちべつ
	30	み
タ	31	えんご
	32	おお かば
チ	33	とくしょく
	34	けが
ツ	35	しょくじょう
	36	ぬぐ
テ	37	ほうてい
	38	ささ
ト	39	がいふう
	40	やわ

問　次の**熟語の読み**（**音読み**）と、その**語義**にふさわしい**訓読み**を（送りがなに注意して）**ひらがな**で記せ。

ア　1 啓蒙……2 蒙い
イ　3 腫脹……4 腫れる
ウ　5 謬説……6 謬る
エ　7 耽溺……8 耽る
オ　9 纏着……10 纏う
カ　11 歎賞……12 歎える
キ　13 纂述……14 纂める
ク　15 臆度……16 臆る
ケ　17 渥彩……18 渥う
コ　19 醇朴……20 醇い

標準解答

ア		イ		ウ		エ		オ		カ		キ		ク		ケ		コ	
1	2	3	4	5	6	7	8	9	10	11	12	13	14	15	16	17	18	19	20
けいもう	くら	しゅちょう	は	びゅうせつ	あやま	たんでき	ふけ	てんちゃく	まと	たんしょう	たた	さんじゅつ	あつ	おくたく	おしはか	あくさい	うるお	じゅんぼく	あつ

サ　21 曝書……22 曝す
シ　23 哀咽……24 咽ぶ
ス　25 嘉瑞……26 嘉い
セ　27 遁辞……28 遁れる
ソ　29 溢水……30 溢れる
タ　31 苦諫……32 諫める
チ　33 磨礪……34 礪く
ツ　35 鍾美……36 鍾める
テ　37 疏水……38 疏る
ト　39 夙成……40 夙い

サ		シ		ス		セ		ソ		タ		チ		ツ		テ		ト	
21	22	23	24	25	26	27	28	29	30	31	32	33	34	35	36	37	38	39	40
ばくしょ	さら	あいえつ	むせ	かずい	よ	とんじ	のが	いっすい	あふ こぼ	くかん	いさ	まれい	みが	しょうび	あつ	そすい	とお	しゅくせい	はや

二　書き取り

解説

E　書き取り

F　同音異字・同訓異字

G　共通の漢字

H　誤字訂正

I　複数の漢字表記

J　対義語・類義語

K　四字熟語

L　故事・成語・諺

二 書き取り

漢字の三要素である形・音・義のうち「形」に焦点を絞って学習を進めます。文章中の所与の漢字から適切な音・義を導出する「読み」の作業に対し、日本語の音・義を、それと一義的に対応する漢字表記で書き表すという一層能動的な作業に取り組みます。

漢字の点画、偏旁冠脚構垂繞などの構成要素と、その組み立て方について細心の注意を払い、楷書体で正しく書けるよう研鑽を積んでください。

E 書き取り

耳で聞いてわかるが漢字に変換しようとするとぐっとつまるという類の語・熟語が主な対象になります。

新聞や雑誌で仮名書きされている語、漢語と意識せずにふだんの会話で用いられている語などを漢字で表記できるかどうか試してみるのも良いでしょう。

例えば、「カップクの良い紳士」「神をボウトクする」「ズサンな管理」「真実をエンペイする」など。

F 同音異字・同訓異字

試みに国語辞典で「コウトウ」を引いてみると同音異義語の多さに驚かされます。「高等」「好投」「高騰」などは言わずもがな、「公党」「荒唐」「後頭」、時には「皇統」「口頭」「口答」、更に「喉頭」「高踏」「叩頭」「勾当」に至るまで正確に書き分けることが求められます。語彙の豊かさと漢字の字義に対する正確な知識がその前提となります。同訓異字の場合も基本的に事情は変わりません。両者ともに文意の正確な把握が出発点です。

G 共通の漢字

二つの熟語に共通する常用漢字一字を推理するものです。使い慣れた常用漢字であっても、表外漢字の書き換え字（叡智→英知、古稀→古希の類）や改まった文章に使われる語（拝眉、芳志、辱知の類）などやや高度な知識を必要とするものもあります。近代の古典的著作にも親しみ語彙力の増強に努めましょう。

H 誤字訂正

日本語の文章中の漢字表記において、同音・同訓の別字をうっかり誤用してしまうことは珍しくありません。漢字の字形と字義を正確に対応させて理解・記憶していなかったからです。「エン世的な思想」が「世をいとう（厭う）思想」と理解されていれば、「怨世」にも「艶世」にもなろうはずがありません。

I　複数の漢字表記

国語審議会報告「同音の漢字による書きかえ」【昭和三十一（一九五六）年】において、常用漢字への書き換えが認められた表外漢字を取り上げます。すでに常用漢字による表記が流通している語の元来の表記を探ります。また、常用漢字について、旧字体から新字体、あるいは新字体から旧字体へと書き換える練習をします。常用漢字の本来の字体を知ることで、字音や字義について理解が深まります。

J　対義語・類義語

対義・類義の関係で結びつく漢語を集中的に学習します。語としての意味（語義）だけでなく、語を構成する漢字の意味（字義）にも注意を払ってください。「聡明」と「愚昧」の関係において「聡」「昧」の字義を確かめ、「聡明」の類として「聡慧」「慧敏」「穎悟」「犀利」、「愚昧」の類として「愚蒙」「蒙昧」「迂愚」「魯鈍」を考え、「慧」「敏」「穎」「犀」「蒙」「迂」「魯」の字義をそれぞれ確かめる。そのように漢字・漢語を組織化しながら着実に語彙力を増強してください。

K　四字熟語

四字熟語学習の醍醐味は、四字熟語が、わたしたちが日々の生活の中で遭遇する場面や状況の絶妙な表現になり得ているという体験をするところにあります。それが可能なのは、四字熟語が、人間の多様な歴史的経験を圧縮した端的な表現としてそれ自身歴史的試練を経てきているからです。

四字熟語はもとの表現の短縮形であったり、原文の一部だけが提示されていたりすることが多く、一字一字の意味とその構成だけでなく、成立の背景への理解も必須です。原義と派生的な意味があることも要注意です。

L　故事・成語・諺

会話や文章の中で活用される故事・成語・諺の核となる語の書き取りです。故事が生まれた背景や諺が使われる場面に理解が行き届くと実践的な知識になります。先人の知恵の果実とも言うべき簡明な言語表現を翫味しながら楽しく学習してください。自分だけの名言・名句集を編むのも一法です。

問　次の傍線部分の**カタカナ**を**漢字**で記せ。

1 **レンガ**造りの洋館に住んでいる。
2 近世の**フスマ**絵を代表する作品だ。
3 長年教育に身を**テイ**してきた。
4 **ギゾク**として大衆の喝采を博した。
5 干天が続きダムの**ミズカサ**が減った。
6 **セキツイ**動物の進化の過程を調べる。
7 他を**リョウガ**する実力を誇る。
8 **サイリ**な観察眼を具えている。
9 仕事の**テハズ**を整える。
10 中小企業が巨大資本の**エジキ**になる。

標準解答

1	2	3	4	5	6	7	8	9	10
煉瓦	襖	挺	義賊	水嵩	脊椎	陵凌 駕	犀利	手筈	餌食

11 ポケットの小銭を**カ**き集める。
12 一日に一個**リンゴ**を食べる。
13 **ジンゾウ**に結石が見つかった。
14 ものを言うのも**オックウ**だ。
15 **ハシゴ**を掛けて屋根に上る。
16 無法な要求を**キゼン**と拒絶した。
17 **イッキク**の涙を禁じえない。
18 泡立ちのよい**セッケン**を使う。
19 **ワキメ**もふらずに勉強する。
20 峰から峰へ**リョウセン**を辿る。

11	12	13	14	15	16	17	18	19	20
掻	林檎	腎臓	億劫	梯子 梯	毅然	一掬	石鹸	脇目	稜線

問 次の傍線部分の**カタカナ**を**漢字**で記せ。

1 **カイショウ**のない男だとけなされた。
2 **フンパン**ものの答弁だった。
3 満面に笑みを**タタ**えている。
4 暗い所では**ドウコウ**が散大する。
5 めでたく**カショク**の典を挙げた。
6 四年ごとに**ウルウ**年が来る。
7 藁と草を積み重ねて**タイヒ**を作る。
8 転倒して**ロッコツ**にひびが入った。
9 家業を**ナイガシ**ろにして遊興に耽る。
10 上の空で**アイヅチ**を打つ。

標準解答

1	2	3	4	5	6	7	8	9	10
甲斐性	噴飯	湛	瞳孔	花華燭	閏	堆肥	肋骨	蔑	相鎚槌

11 滝の**ヒマツ**を浴びる。
12 **カップク**の良い社長が挨拶した。
13 鰻**ドンブリ**で有名な店だ。
14 出世と恋を**テンビン**にかける。
15 上役の**サジ**加減一つで決まる。
16 郷里の母校で**キョウベン**を執る。
17 森の中はまるで**オトギ**の国だった。
18 **ガンシュウ**の色を隠し得ない。
19 **シャハン**の情勢をみて対策を練る。
20 三つ**ドモエ**の争いを繰り広げる。

11	12	13	14	15	16	17	18	19	20
飛沫	恰幅	丼	天秤	匙	教鞭	御伽	含羞	這般	巴

問　次の傍線部分の**カタカナ**を**漢字**で記せ。

1 **シノツ**く雨の中を歩く。
2 **ボッコン**鮮やかに漢詩をしたためる。
3 土地は**モチロン**、建物も私のものだ。
4 激しく**ツバ**競り合いを演じる。
5 **タンペイキュウ**に用件を切り出す。
6 **コウシジマ**の紬を着る。
7 **アメ**と鞭を使い分ける。
8 事態は異様な**ソウボウ**を呈してきた。
9 人を**アザケ**るような言動を慎む。
10 **ケイフン**を乾燥させて肥料にする。

標準解答

1	2	3	4	5	6	7	8	9	10
篠突	墨痕	勿論	鍔	短兵急	格子縞	飴	相貌	嘲	鶏糞

11 札束を**ワシヅカ**みにして逃走した。
12 ピアノの**ケンバン**を強打する。
13 外国産の**カンキツ**類が店頭に並ぶ。
14 田舎から両親が**ハルバル**やってきた。
15 魚釣りの**ヒケツ**を教えてもらった。
16 **ミズハ**けのよいグラウンドだ。
17 引っ越しの荷物を**コンポウ**する。
18 茶請けに椎茸の**ツクダニ**を出す。
19 山海の珍味が**ショクゼン**に上った。
20 ドアの**チョウツガイ**が壊れかけている。

11	12	13	14	15	16	17	18	19	20
鷲掴	鍵盤	柑橘	遥遥 遥々	秘訣	水捌	梱包	佃煮	食膳	蝶番

問 次の傍線部分の**カタカナ**を**漢字**で記せ。

1 収入が減り家計が**ヒッパク**した。
2 日本酒からワインに**クラ**替えする。
3 優勝杯が**サンゼン**と輝く。
4 仏壇の**イハイ**を乾いた布で拭う。
5 友人の成功を**ウラヤ**んだ。
6 **シャクネツ**の恋に身を焦がす。
7 **クジャク**が羽を広げる。
8 酒の**サカナ**に一差し舞う。
9 **センテツ**を溶かして鋳物を造る。
10 企業から**ワイロ**が贈られていた。

標準解答

1	2	3	4	5	6	7	8	9	10
逼迫	鞍	燦然	位牌	羨	灼熱	孔雀	肴	銑鉄	賄賂

11 **エンスイ**体の展開図を描く。
12 国民感情を**サカナ**でする発言だ。
13 **ミコシ**を担いで練り歩く。
14 土手の**サワラビ**を摘む。
15 **イス**に座るよう勧められた。
16 **ラセン**階段を駆け降りる。
17 **キョウリョウ**工事に三社が入札した。
18 天井が**スス**けている。
19 首筋に**シッシン**ができてかゆい。
20 **カケ**に負けて大損をした。

11	12	13	14	15	16	17	18	19	20
円錐	逆撫	御神輿	早蕨	椅子	螺旋	橋梁	煤	湿疹	賭

問 次の傍線部分の**カタカナ**を**漢字**で記せ。

1 優勝の知らせに**カイサイ**を叫んだ。

2 海岸で**イジ**められていた亀を助けた。

3 **ヒンシ**の重傷を負った。

4 お土産に上等の**カマボコ**を頂いた。

5 **コッケイ**な仕種が笑いを誘う。

6 **ヨロク**の多い役職に就く。

7 暴れる馬の**クツワ**を摑む。

8 文章の大意を**ハソク**する。

9 専門書を**ムサボ**るように読む。

10 深い**グウイ**が込められている。

標準解答

1	2	3	4	5	6	7	8	9	10
快哉	苛	瀕死	蒲鉾	滑稽	余禄	轡	把捉	貪	寓意

---

11 手術後の傷口が**カノウ**した。

12 上役から**シッセイ**を浴びせられた。

13 憧れの**ヒノキ**舞台に立つ。

14 死んでも**コウコ**の憂いが無い。

15 **フトウ**を離れた船を見送る。

16 勝利の**ガイカ**をあげる。

17 最上段に一対の**ダイリビナ**を置く。

18 人家の煙が夕空に**ヨウエイ**している。

19 近代叙情詩中の**ハクビ**とされる。

20 日頃の無沙汰を**ワ**びる。

11	12	13	14	15	16	17	18	19	20
化膿	叱声	檜	後顧	埠頭	凱歌	内裏雛	揺曳	白眉	詫

問　次の傍線部分の**カタカナ**を**漢字**で記せ。

1　**シラカバ**の並木が続いている。
2　名立たる強豪に**ゴ**して戦う。
3　話が**ケタ**外れに大きい。
4　辞典の**ヘンサン**に携わる。
5　膝の関節を**ダッキュウ**した。
6　転売して**リザヤ**を稼ぐ。
7　バーゲンセールで在庫品が**サバ**けた。
8　検診で**コウトウガン**が疑われた。
9　三者の**テイダン**は好評だった。
10　**チョウタク**を凝らした珠玉の名文だ。

標準解答

1	2	3	4	5	6	7	8	9	10
白樺	伍	桁	編纂	脱臼	利鞘	捌	喉頭癌	鼎談	彫琢

11　**ウレ**しい悲鳴を上げる。
12　応接間に鳥の**ハクセイ**を飾る。
13　手紙をポストに**トウカン**する。
14　野生の動物を**ジュンチ**する。
15　弁舌**サワ**やかに経済を論じる。
16　知人に就職の**アッセン**をする。
17　最後**ツウチョウ**が突き付けられた。
18　聞きしに勝る**ボクネンジン**である。
19　**シッソウ**宣告により除籍された。
20　友人を**バンサン**会に招待する。

11	12	13	14	15	16	17	18	19	20
嬉	剝製	投函	馴致	爽	斡旋	通牒	朴念仁	失踪	晩餐

問　次の傍線部分の**カタカナ**を**漢字**で記せ。

1 **ガイセン**門の上から市内を眺めた。

2 芸能界総**マク**りの特集を組む。

3 **サンゴショウ**の保全に取り組む。

4 西の空が**アカネ**色に染まった。

5 亡き母の**ボダイ**を弔う。

6 ようやく解決の**ショコウ**が射してきた。

7 武勲により二頭の**シュンメ**を拝領した。

8 どうしても**アキラ**め切れない。

9 外来の新思想に**ケイモウ**される。

10 大勢の買い物客で**ニギ**わっている。

標準解答

1	2	3	4	5	6	7	8	9	10
凱旋	捲	珊瑚礁	茜	菩提	曙光	駿馬	諦	啓蒙	賑

11 猛練習の末、守備は**カンペキ**になった。

12 願ってもない**カネヅル**を摑む。

13 商品の受領書に**オウナツ**する。

14 **ギキョウ**心に駆られて助太刀する。

15 掛け軸の**シンガン**を鑑定してもらう。

16 小説の主人公に**アコガ**れる。

17 入試問題の**ロウエイ**を防ぐ。

18 **ワニ**皮のベルトを締める。

19 **オウセイ**な食欲を示す。

20 **ブザツ**な文章で読むに値しない。

11	12	13	14	15	16	17	18	19	20
完璧	金蔓	押捺	義俠	真贋	憧	漏洩	鰐	旺盛	蕪雑

問 次の傍線部分の**カタカナ**を**漢字**で記せ。

1 全国の猛者が**セイゾロ**いした。
2 田に**カンガイ**用水を引く。
3 転んで足首を**ネンザ**した。
4 大風が収穫前の稲を**ナ**ぎ倒した。
5 ハンカチに**シシュウ**を施す。
6 社運を**ト**して新事業に乗り出す。
7 台所の野菜が**シナ**びている。
8 桐の**タンス**を使っている。
9 世人の**シンタン**を寒からしめる。
10 年のせいか涙**モロ**くなっている。

標準解答

1	2	3	4	5	6	7	8	9	10
勢揃	灌漑	捻挫	薙	刺繍	賭	萎	箪笥	心胆	脆

11 英米文学に**ゾウケイ**が深い。
12 様々な情報が**サクソウ**している。
13 目が**サ**えて寝つかれない。
14 **バテイ**形の磁石を使う。
15 古墳から大量の**ハニワ**が出た。
16 **ミケン**に深いしわを寄せる。
17 いつも**アカヌ**けた服装をしている。
18 戸を開けた**セツナ**、猫が飛び出した。
19 **カバン**に書類を入れる。
20 パンにバターと**ハチミツ**をぬる。

11	12	13	14	15	16	17	18	19	20
造詣	錯綜	冴	馬蹄	埴輪	眉間	垢抜	刹那	鞄	蜂蜜

問　次の傍線部分の**カタカナ**を**漢字**で記せ。

1　噂は**オヒレ**がついて村中に伝わった。

2　マグロの体は**ボウスイ**形だ。

3　傷んだ**アマドイ**を修繕する。

4　デビュー後一躍時代の**チョウジ**となる。

5　職場での保身に**キュウキュウ**とする。

6　学生時代は伯母の家に**キグウ**していた。

7　**ミカン**の皮を剝く。

8　**コンペキ**の海をヨットが快走する。

9　長めの**サイバシ**を使って調理する。

10　**ダイタイ**部を強打した。

標準解答

1	2	3	4	5	6	7	8	9	10
尾鰭	紡錘	雨樋	寵児	汲汲 汲々	寄寓	蜜柑	紺碧	菜箸	大腿

11　双方を**ナダ**めて仲直りさせる。

12　先が**スボ**んだズボンをはく。

13　多年の努力が**ホウマツ**に帰した。

14　**ネラ**い定めて的を撃つ。

15　社会の**ボクタク**たる責務がある。

16　仏壇に**ロウソク**をともす。

17　横綱が攻め**アグ**んでいる。

18　**リュウチョウ**な英語を話す。

19　時候の**アイサツ**を交わす。

20　某国の権力者が**ラチ**された。

11	12	13	14	15	16	17	18	19	20
宥	窄	泡沫	狙	木鐸	蠟燭	倦	流暢	挨拶	拉致

問 次の傍線部分の**カタカナ**を**漢字**で記せ。

1 一男二女を**モウ**けた。
2 反対派の**キュウセンポウ**に立つ。
3 あまりの異臭に**モンゼツ**した。
4 小鳥が木の実を**ツイバ**んでいる。
5 日頃の**ウップン**を全て吐き出した。
6 解答用紙に**カイショ**で答えを記入する。
7 箱がつぶれて**イビツ**になった。
8 弁慶の**フンソウ**で舞台に立つ。
9 途方もない**ホラ**を吹く。
10 相手の剣幕に思わず**ヒル**んだ。

標準解答

1	2	3	4	5	6	7	8	9	10
儲	急先鋒	悶絶	啄	鬱憤	楷書	歪	扮装	法螺	怯

11 **ドノウ**を積んで堤防を補強した。
12 土産が一杯で荷物が**カサ**ばる。
13 小舟が大波に**ホンロウ**されている。
14 失態を**コト**してごまかす。
15 **ムナクソ**が悪くなった。
16 腐敗した執行部に**テッツイ**を下す。
17 **ヒガ**みっぽいのが玉にきずだ。
18 登山で疲れた足に**コウヤク**を貼る。
19 心の**カットウ**に苦しむ。
20 **ヒシガタ**の家紋が染め抜かれている。

11	12	13	14	15	16	17	18	19	20
土嚢	嵩	翻弄	糊塗	胸糞	鉄 鎚槌	僻	膏薬	葛藤	菱形

問　次の傍線部分の**カタカナ**を**漢字**で記せ。

1 野山に**カスミ**が棚引いている。

2 読書の**ダイゴミ**にひたる。

3 **キママ**な一人旅に出た。

4 **ケンペイ**ずくで部下に命令する。

5 妻は**ホリュウ**の質であまり外出しない。

6 暦を**メク**って良い日を確かめる。

7 急**コウバイ**の坂道に息切れがした。

8 父もすっかり**コウコウヤ**になった。

9 刺し身に**ショウユ**をつけて食べる。

10 街頭で宣伝ビラを**マ**く。

標準解答

1	2	3	4	5	6	7	8	9	10
霞	醍醐味	気儘	権柄	蒲柳	捲	勾配	好好爺・好々爺	醤油	撒

---

11 **シンラツ**な意見を甘受する。

12 山の**フモト**の小屋で一泊した。

13 **ハッコウ**な少女の物語に涙を誘われた。

14 声を**トガ**らせて相手を詰る。

15 山奥の**ドウクツ**を探検する。

16 調査結果を**コサイ**漏らさず報告する。

17 **ノコギリ**で板を切る。

18 会場は**リッスイ**の余地もない。

19 **カブキ**の襲名披露興行を観た。

20 **ヘラ**を用いて布に折り目をつける。

11	12	13	14	15	16	17	18	19	20
辛辣	麓	薄幸・薄倖	尖	洞窟	巨細	鋸	立錐	歌舞伎	篦

問 次の傍線部分の**カタカナ**を**漢字**で記せ。

1 思わず**モラ**い泣きしてしまった。

2 脳の**シュヨウ**を摘出する手術を受けた。

3 公金を**カイタイ**して逃亡する。

4 うっかり**オダ**てに乗った。

5 強豪チームに軽く**イッシュウ**された。

6 水溜まりを**マタ**いで通る。

7 **トテツ**もない金額を請求された。

8 外国での**チョウホウ**活動を命じられた。

9 **オオゲサ**に騒ぎ立てるほどの事ではない。

10 **ホオヅエ**を突いて思案している。

標準解答

1	2	3	4	5	6	7	8	9	10
貰	腫瘍	拐帯	煽・扇	一蹴	跨	途轍	諜報	大袈裟	頬杖

11 開墾地の収穫量が**テイゾウ**している。

12 あまりのことに**アゼン**とした。

13 上役の**コトナカ**れ主義に反発する。

14 病院で**ショホウセン**をもらう。

15 市街地の**ケンペイリツ**を役所に尋ねる。

16 多くの兵士が海の**モクズ**と消えた。

17 **ダエン**形の軌跡を描く。

18 倦まず**タユ**まず努力する。

19 大豆は**タンパク**質に富む。

20 本人**ナイシ**代理人の署名が必要だ。

11	12	13	14	15	16	17	18	19	20
逓増	唖然	事勿	処方箋	建蔽坪率	藻屑	楕円	弛	蛋白	乃至

同音異字・同訓異字

問 次の傍線部分の**カタカナ**を**漢字**で記せ。

1 山海の珍味を**タンノウ**する。
2 **タンノウ**に結石があると診断された。

3 忽ち市場を**セッケン**した。
4 **セッケン**して蓄財に努める。

5 **タ**め息交じりに語る。
6 怯弱な精神を**タ**め直す。

7 柿を**クシ**刺しにして吊す。
8 髪を**クシ**でとく。

標準解答

1	2	3	4	5	6	7	8
堪能	胆嚢	席巻捲	節倹	溜	矯	串	櫛

9 大学で国文学を**センコウ**した。
10 胃壁に**センコウ**があると診断された。
11 夜空を裂いて一瞬**センコウ**が走った。

12 広告の文句を**ウ**呑みにする。
13 **ウ**の花が白く咲き乱れている。

14 **シシ**身中の虫を退治する。
15 **シシ**に鞭打つような心ないことを言う。
16 **シシ**営営と家業に勤しむ。

9	10	11	12	13	14	15	16
専攻	穿孔	閃光	鵜	卯	獅子	死屍	孜孜 孜々

問　次の傍線部分の**カタカナ**を**漢字**で記せ。

1 古人の**ソウハク**をなめる。
2 顔面**ソウハク**になった。

3 船体が大きく**カシ**いだ。
4 大きな釜で米を**カシ**いだ。

5 **ショウチュウ**の珠の如くに慈しむ。
6 **ショウチュウ**を炭酸水で割る。

7 いたずらに技巧を**ロウ**する。
8 大歓声が耳を**ロウ**する。

標準解答

1	2	3	4	5	6	7	8
糟粕	蒼白	傾	炊	掌中	焼酎	弄	聾

9 気ばかり**セ**いて捗らない。
10 何度も**セ**いて苦しそうだ。

11 師の教えに**イハイ**する。
12 仏壇に**イハイ**をまつる。

13 岩に付いた**ノリ**を採る。
14 賃仕事で口を**ノリ**する。

15 俄かには**シュコウ**し難い説である。
16 祝い膳に**シュコウ**を載せて運ぶ。

9	10	11	12	13	14	15	16
急	咳	違背	位牌	海苔	糊	首肯	酒肴

問　次の傍線部分の**カタカナ**を**漢字**で記せ。

1 床を雑巾で**フ**く。
2 屋根を茅で**フ**く。

3 十年前と比べて**カクセイ**の感がある。
4 長い眠りから**カクセイ**する。

5 父親の威光を**カサ**に着る。
6 **カサ**に懸かって攻め立てる。

7 権力の**ソウク**となって働く。
8 年老いた**ソウク**に鞭打って働く。

標準解答

1	2	3	4	5	6	7	8
拭	葺	隔世	覚醒	笠	嵩	走狗	痩軀

9 畑に種を**マ**く。
10 道に水を**マ**く。

11 **テイカン**の第一条に明記されている。
12 未だ人生を**テイカン**するに至らない。

13 山**ビル**に血を吸われる。
14 野**ビル**を汁の実にする。

15 近隣を荒らす**ヒゾク**の首魁を捕らえた。
16 趣向が**ヒゾク**で期待が外れた。

9	10	11	12	13	14	15	16
蒔・播	撒	定款	諦観	蛭	蒜	匪賊	卑俗

問 次の傍線部分の**カタカナ**を**漢字**で記せ。

1 辛くも**ココウ**を脱した。

2 **ココウ**の臣として重用された。

3 小商いで**ココウ**を凌ぐ。

4 社長の**ツル**の一声で決まった。

5 大会社に入って出世の**ツル**を探す。

6 矢は**ツル**音を響かせて飛び去った。

7 **ソセイ**濫造の品が出回っている。

8 人工呼吸の甲斐あって**ソセイ**した。

標準解答

1	2	3	4	5	6	7	8
虎口	股肱	糊口	鶴	蔓	弦	粗製	蘇生

---

9 **ホウキ**十九歳ばかりの乙女だった。

10 武装**ホウキ**した民衆が王宮を占拠した。

11 初優勝の夢が**ツイ**える。

12 いたずらに歳月が**ツイ**える。

13 **セッコウ**で塑像の型を取る。

14 敵情偵察のため**セッコウ**に出る。

15 月夜に**カマ**を抜かれる。

16 **カマ**をかけて聞き出す。

9	10	11	12	13	14	15	16
芳紀	蜂起	潰	費	石膏	斥候	釜	鎌

G 共通の漢字

問　次の各組の二文の（　　）には**共通**する漢字が入る。その読みを後の□から選び、**常用漢字**（**一字**）で記せ。

1
（1）視するにしのびない。
（1）食の徒であった己を恥じる。

2
珠玉の（2）篇を集めた一冊だ。
職（2）柄その方面には詳しい。

3
凌（3）の志を抱く。
（3）霞のごとく押し寄せる。

4
御（4）見の程お願い申し上げます。
信書の開（4）を厳に禁ずる。

5
また一人（5）籍に入った。
債（5）に追われて寧日もない。

うん・き・こん・ざ
しょう・たん・ひ・ふう

標準解答

1	2	3	4	5
座	掌	雲	披	鬼

1
奇（1）な言辞を弄する。
（1）飾の生活に疲れる。

2
川を挟んで（2）呼の間にある。
周りの人々から（2）弾される。

3
酒を飲んで（3）憤を晴らす。
（3）屈した日々を過ごす。

4
現在（4）争中の事件だ。
災いが（4）累に及ぶ。

5
いたずらに（5）齢を重ねる。
ファンの下（5）評に上る。

あん・うっ・きょう・けい
し・とう・ば・みょう

標準解答

1	2	3	4	5
矯	指	鬱	係	馬

問 次の各組の二文の（　）には**共通**する漢字が入る。その読みを後の□から選び、**常用漢字**（**一字**）で記せ。

1
- （1）外の栄誉を賜る。
- 同胞の輿（1）を担う。

2
- 大衆の射（2）心を煽る。
- 欣（2）の至りに存じます。

3
- 薬（3）効なく不帰の客となる。
- 国家の柱（3）となる。

4
- 委細は拝（4）の上ご説明いたします。
- 決意の程は（4）宇に見える。

5
- 円安で（5）損が生じる。
- 貸家の（5）配を請け負う。

がん・こう・さ・せき
とう・のう・び・ぼう

標準解答

1	2	3	4	5
望	幸	石	眉	差

1
- （1）套な手法だと一笑に付された。
- 秘蔵の書画を出（1）する。

2
- 忌まわしい過去と（2）別する。
- 知事の専（2）事項に属する。

3
- （3）采の儀が執り行われた。
- 粗品ながら御笑（3）ください。

4
- 当該官庁から（4）達があった。
- （4）衣の交わりを結ぶ。

5
- 漸く（5）団が氷解した。
- （5）獄事件に連坐する。

ぎ・く・けつ・じょう
ちん・のう・ふ・めん

標準解答

1	2	3	4	5
陳	決	納	布	疑

問　次の各組の二文の（　　）には**共通**する漢字が入る。その読みを後の□から選び、**常用漢字**（**一字**）で記せ。

1
犀（1）な洞察力を示す。
転売して（1）鞘を稼ぐ。

2
（2）意を隠そうともしない。
（2）明をもって十分とする。

3
一切私（3）を交えない。
委（3）を尽くして説明する。

4
盗品の（4）買で摘発される。
世（4）に長けている。

5
（5）狂な声をあげる。
旅先で（5）死したらしい。

いん・きょく・こ・そ
ち・とん・はん・り

標準解答

1	2	3	4	5
利	疎	曲	故	頓

1
抜群の才（1）が備わっている。
屈強な軀（1）の兵士だった。

2
僅かに露（2）をつなぐ。
すっかり奔（2）に疲れる。

3
先生の御（3）庇を謝する。
（3）踏的な態度を持する。

4
今年古（4）を迎える。
（4）代の名優と称えられた。

5
衆に穎（5）した人物である。
資料に甚だしい（5）漏があった。

かん・き・こう・しょう
そう・だつ・のう・めい

標準解答

1	2	3	4	5
幹	命	高	希	脱

問 次の各組の二文の（　　）には**共通**する漢字が入る。その読みを後の□から選び、**常用漢字**（**一字**）で記せ。

1
- 趣味のよい什（ 1 ）が揃っている。
- 社長としての（ 1 ）量に乏しい。

2
- 独裁制が（ 2 ）覆した。
- 不退（ 2 ）の決意で臨む。

3
- 世人を（ 3 ）醒する。
- 奇（ 3 ）の言を吐く。

4
- （ 4 ）耳に入りやすい話だ。
- （ 4 ）臭ふんぷんたる作品だ。

5
- 先達の遺（ 5 ）を重んじる。
- 御（ 5 ）翰拝受いたしました。

あく・き・けい・さい
ぞく・てん・ほう・りゅう

標準解答

1	2	3	4	5
器	転	警	俗	芳

1
- 遣り口が悪（ 1 ）極まる。
- （ 1 ）腕の弁護士で鳴らした。

2
- 業者から（ 2 ）応を受ける。
- 有価証券を（ 2 ）託する。

3
- 声（ 3 ）倶に下る。
- 孤り（ 3 ）淵に沈む。

4
- （ 4 ）幅を飾らない人物だ。
- 無（ 4 ）際の大洋に乗り出す。

5
- （ 5 ）高な態度に出る。
- 勢力の（ 5 ）衡が保たれている。

きょう・けん・しん・ちゅう
へん・らつ・りょう・るい

標準解答

1	2	3	4	5
辣	供	涙	辺	権

H 誤字訂正

問 次の各文にまちがって使われている**同じ音訓の漢字**が**一字**ある。**上に誤字**を、**下に正しい漢字**を記せ。

1 盛大な華飾の典に臨んだ新郎新婦は既に鴛鴦宛らの睦まじさを披露した。

2 常は無愛想で峻厳な父も孫が膝に這い上ってくると忽ち相合を崩す。

3 積年の宿弊を一掃し、新規巻き直しを図るべく制度変改に着手する。

4 催眠中の心理療法は心身症の治療や出産時の無痛分便等に用いられる。

5 敵将の機略縦横の戦法に奔弄され、敵に倍する兵を擁しながら潰走した。

6 暁闇を衝き隊互を組んで兵士達は遥か彼方の敵の要塞を目指して進んだ。

標準解答

	1	2	3	4	5	6
誤	飾	合	巻	便	奔	互
正	燭	好	蒔	娩	翻	伍

7 大陸渡来の農耕・灌漑技術は弥生時代に列島を東漸しつつ伝波した。

8 没後公表された日記には詩人の内面の苛烈な葛闘が克明に綴られている。

9 著者の概博な知識と歴史への造詣の深さは冒頭の数頁で瞭然とする。

10 無用の誤解を招来せぬよう現会長との縁籍関係を朋輩には直隠しにした。

11 第三者の斡旋で彼此の主張の懸隔を縮めるべく接衝の場が設けられた。

12 凄腕の記者として鳴らした後、政治家に蔵替えし党の領袖に馳せ上った。

	7	8	9	10	11	12
誤	波	闘	概	籍	接	蔵
正	播	藤	該	戚	折	鞍

問 次の各文にまちがって使われている**同じ音訓の漢字**が**一字**ある。**上に誤字**を、**下に正しい漢字**を記せ。

1 新作は天衣無縫の逸品で、氏の過去の秀作に比して些かも損色がない。

2 死屍累累たる戦場の酸鼻を極めた凄惨な光景に肌の泡立つ思いがした。

3 即売会出品の茶碗に触指が動いたが価格を一瞥して高嶺の花と諦めた。

4 親の畏光を笠に着て気随自儘の仕放題だった嘗ての己を深く恥じる。

5 その宗旨に帰依して布施を行う壇家のために菩提寺は葬儀や法要を営む。

6 鳴り物入りで入団した新人は前評判に違わぬ大器の辺鱗を垣間見せた。

標準解答

	1	2	3	4	5	6
誤	損	泡	触	畏	壇	辺
正	遜	粟	食	威	檀	片

7 新事業が端初に就いて僅か二年後に一部銘柄に上場される発展を遂げた。

8 事業が破綻して郷里に逼塞し、錯莫たる思いを懐抱して無為に消日する。

9 宏大な研究所の一角に堅牢な鋼製の隔壁で厳重に遮閉された空間がある。

10 永年に渡り発掘調査に提身した功労を顕彰して紫綬褒章が授与された。

11 類稀な美貌で王子を魅惑し玉の腰に乗った娘の噂で国中が持ち切りだ。

12 主演に抜擢された老優は役者妙利に尽きると感激の面持ちで語った。

	7	8	9	10	11	12
誤	初	錯	閉	提	腰	妙
正	緒	索	蔽	挺	輿	冥

問　次の各文にまちがって使われている**同じ音訓の漢字**が**一字**ある。**上に誤字**を、**下に正しい漢字**を記せ。

1 ライバルに雪辱して流飲を下げたが、意想外の伏兵が現れ苦杯を喫した。

2 風光絶佳の景勝地で、煙霞の癖ある旅人も長く到留して倦むことがない。

3 内戦が終息し飢餓と爆撃の恐怖から解放され、人々は漸く秀眉を開いた。

4 繁忙を極める師走の搔き入れ時には親戚の誰彼に店を手伝ってもらう。

5 野生の猛獣を馴馳し調教する場合は信賞必罰主義を貫くことが肝要とされる。

6 幕末の疾風怒濤の時代に新取果敢の精神の横溢する俊傑が輩出した。

標準解答

	1	2	3	4	5	6
誤	流	到	秀	搔	馳	新
正	溜	逗	愁	書	致	進

7 野辺で採取したばかりの蕨や芹を卵閉じにして早速訪客の食膳に供した。

8 墜落現場は、犠牲者の冥服を祈って献花し黙禱する遺族で埋まった。

9 検察は斡旋収賄の首魁と目される有力政党の領酋に捜査の手を延ばした。

10 司法解剖が行われた結果、頭骸骨の陥没による脳挫傷が死因と判明した。

11 御説は尤も至極の正論だが尺子定規に過ぎて錯綜した現況に適用できない。

12 英雄然とした魁偉な容貌の将軍に拝閲して畏怖の念を覚えぬ者はない。

	7	8	9	10	11	12
誤	閉	服	酋	骸	尺	閲
正	綴	福	袖	蓋	杓	謁

問 次の各文にまちがって使われている**同じ音訓の漢字**が**一字**ある。**上に誤字**を、**下に正しい漢字**を記せ。

1 縞の紬を粋に着こなした若旦奈風の優男が仔細ありげにたたずんでいる。

2 課長は笠に懸かった態度で業績の芳しくない部下に叱声を浴びせた。

3 斯界の泰斗が古今の文献を樵猟して執筆した畢生の労作が上梓される。

4 疫学的な推計は喫煙の習慣と心筋硬塞の発生の有意的連関を示している。

5 常に正鵠を射て過たぬ慧眼と歯に絹着せぬ毒舌で知られる批評家だ。

6 論敵の苛烈を極めた批判に舌砲鋭く反駁し、完膚無き迄に論破した。

標準解答

	1	2	3	4	5	6
誤	奈	笠	樵	硬	絹	砲
正	那	嵩	渉	梗	衣	鋒

7 用途を特定しない範用コンピュータは企業の基幹業務等に活用される。

8 大使館を占拠した過激派は投降勧告を黙殺し人質を楯に牢城を続けた。

9 碇泊期間を終え抜錨して次の寄港地に向かう船を浮頭から人々が見送る。

10 瀕死の窮境にある伝統産業を礎生させる方途が懸命に摸索されている。

11 前年度の覇者と大接戦を演じて観衆を沸かせたが、近差で苦杯を嘗めた。

12 高熱と下痢を伴う疫病の蔓延は勇名轟く部隊の士気を俄かに阻相させた。

	7	8	9	10	11	12
誤	範	牢	浮	礎	近	相
正	汎	籠	埠	蘇	僅	喪

問　次の各文にまちがって使われている**同じ音訓の漢字**が**一字**ある。**上に誤字**を、**下に正しい漢字**を記せ。

1 堂々たる恰腹の碧眼の紳士が演壇に立ち、流暢な日本語で弁じ始めた。

2 斯界の泰斗の一唱三歎した悠遥迫らざる詩風が洛陽の紙価を高からしめた。

3 故人の位拝に合掌し、生前の交誼を追懐しつつその冥福を祈った。

4 遁走して卑怯者となるか踏み止まって大義に殉じるかの崖っ淵に立った。

5 様々な利害関係が錯争する塵芥処理場建設の強行は将来に禍根を残す。

6 煩雑な業務が続き倦怠感の昂じた折は山林に交じって宏然の気を養った。

標準解答

	1	2	3	4	5	6
誤	腹	遥	拝	淵	争	宏
正	幅	揚	牌	縁	綜	浩

7 莫大な遺産の相続を巡る親族間の確執は泥試合の様相を呈するに至った。

8 進歩思想の洗礼を受けた母は廃娼運動に挺身し、堅肘張って生きてきた。

9 些細な所論の相違に旦を発した反目が領国を二分する紛擾に拡大した。

10 誰何した衛卒は羽散臭げに蓬髪垢衣の男の全身を隈なく眺め回した。

11 倒産が続出し混迷に陥っていた経済界に不況脱出の初光が射し始めた。

12 優勝候補筆頭の選手は気負い込む対戦相手を下馬評通り軽く一酬した。

	7	8	9	10	11	12
誤	試	堅	旦	羽	初	酬
正	仕	肩	端	胡	曙	蹴

問 次の各文にまちがって使われている**同じ音訓の漢字**が**一字**ある。**上に誤字**を、**下に正しい漢字**を記せ。

1 相次ぐ技術革新と市場規模の漸次的拡大が経済伸暢の懸引力となった。

2 創業時の公益優先の精神は営利至上主義の趨勢に抗し得ず形効と化した。

3 再三の窮地を凌いで優勝を手中にし満面に笑みを讃えて表彰台に立った。

4 民の窮乏を招く苛政への風刺が領主の激鱗に触れ酷刑に処せられた。

5 昨晩の映画は不倶戴天の二人が断崖上で死闘を演ずる場面が圧観だった。

6 勤務先から深夜に非常召集の連絡を受け息咳き切って駆け付けた。

標準解答

	1	2	3	4	5	6
誤	懸	効	讃	激	観	咳
正	牽	骸	湛	逆	巻	急

7 新技術導入の先勉をつけ、逸早く製造工程の簡易化と省力化を実現した。

8 煮付け、刺し身等で賞味される鯵や鰯は惣材魚として格別馴染みが深い。

9 百戦錬磨の精鋭と烏合の衆の傭兵では勝敗の帰趨は戦闘以前に明量だ。

10 醜聞として巷間では喧しく取り沙多したが当人は介意する風もなかった。

11 媒酌人は新婦を清楚な容姿に芯の強さを秘めた才援と紹介した。

12 楢や榎の喬木が鬱蒼と繁る村外れの森には稀少な錦獣や昆虫が棲息する。

	7	8	9	10	11	12
誤	勉	材	量	多	援	錦
正	鞭	菜	瞭	汰	媛	禽

I 複数の漢字表記

問 次の●印の漢字を、書き換えが認められている**常用漢字（一字）**に改めよ。

〈例〉 食慾● → 欲

1 雑沓●
2 棲●息
3 恩誼●
4 鄭●重
5 蕃●殖
6 按●分
7 交叉●
8 蒐●荷
9 手帖●
10 刺戟●

標準解答

1	2	3	4	5	6	7	8	9	10
踏	生	義	丁	繁	案	差	集	帳	激

11 落磐●
12 吃●水
13 惣●菜
14 穎●才
15 衣裳●
16 撒●布
17 書翰●
18 企劃●
19 離叛●
20 弘●報

11	12	13	14	15	16	17	18	19	20
盤	喫	総	英	装	散	簡	画	反	広

問 次の●印の漢字を、書き換えが認められている**常用漢字**（**一字**）に改めよ。

1 庖●丁
2 侵掠●
3 昂●揚
4 饗●応
5 歎●願
6 気焔●
7 特輯●
8 聯●邦
9 繫●争
10 真蹟●

標準解答

1	2	3	4	5	6	7	8	9	10
包	略	高	供	嘆	炎	集	連	係	跡

11 苑●地
12 疏●通
13 絃●歌
14 鋪●装
15 訊●問
16 徽●章
17 昏●迷
18 蒐●集
19 妨碍●
20 一挺●

11	12	13	14	15	16	17	18	19	20
園	疎	弦	舗	尋	記	混	収	害	丁

問 次の二字熟語に含まれる**旧字体**を**新字体**に改めよ。

〈例〉 該當→当

1 辭世
2 圓陣
3 會得
4 廣蓋
5 醫院
6 藝能
7 與力
8 蟲籠
9 事變
10 壽詞

標準解答

1	2	3	4	5	6	7	8	9	10
辞	円	会	広	医	芸	与	虫	変	寿

問 次の二字熟語に含まれる**旧字体**を**新字体**に改めよ。

〈例〉 虚僞→虚偽

1 對應
2 獨學
3 驛舍
4 禮贊
5 氣壓
6 海圖
7 繪畫
8 經濟
9 濱邊
10 萬國

標準解答

1	2	3	4	5	6	7	8	9	10
対応	独学	駅舎	礼賛	気圧	海図	絵画	経済	浜辺	万国

問 次の二字熟語の**どちらかの字**を**旧字体**に改めよ。

〈例〉栄光→榮

1 数珠
2 羽毛
3 山桜
4 卓抜
5 猛獣
6 赦免
7 騎乗
8 弾丸
9 脊髄
10 弐心

標準解答

1	2	3	4	5	6	7	8	9	10
數	羽	櫻	拔	獸	免	乘	彈	髓	貳

問 次の二字熟語を**二字とも旧字体**に改めよ。

〈例〉遅参→遲參

1 悪徳
2 緒戦
3 両断
4 竜顔
5 神楽
6 請来
7 実践
8 仏教
9 謹慎
10 黙読

標準解答

1	2	3	4	5	6	7	8	9	10
惡德	緖戰	兩斷	龍顏	神樂	請來	實踐	佛敎	謹愼	默讀

J 対義語・類義語

問 次の語の**対義語**となるように、下に示した語を**漢字**に直せ。

1 中枢 ― まっしょう
2 簡潔 ― じょうまん
3 断行 ― ちぎ
4 枯渇 ― じゅういつ
5 蒼白 ― こうちょう
6 強靱 ― ぜいじゃく
7 遵守 ― いはい
8 捷径 ― うろ
9 讃歎 ― ちょうば
10 快諾 ― しゅんきょ

標準解答

1	2	3	4	5	6	7	8	9	10
末梢	冗漫	遅疑	充溢	紅潮	脆弱	違背	迂路	嘲罵	峻拒

問 次の語の**類義語**となるように、下に示した語を**漢字**に直せ。

1 考慮 ― かんあん
2 死別 ― えいけつ
3 知悉 ― つうぎょう
4 怨恨 ― いしゅ
5 吉兆 ― きずい
6 窮乏 ― ひっぱく
7 空前 ― みぞう
8 遭遇 ― ほうちゃく
9 興廃 ― しょうちょう
10 傾斜 ― こうばい

標準解答

1	2	3	4	5	6	7	8	9	10
勘案	永訣	通暁	意趣	奇瑞	逼迫	未曽有	逢着	消長	勾配

問 次の語の**対義語**を下の［　］からそれぞれ選び、**漢字**で記せ。

1 懸絶［しっか・はくちゅう・りごう］
2 秩序［こんとん・めいもう・わくでき］
3 斬新［おうこ・きゅうとう・もうまい］
4 充足［さまつ・ひんせん・ふってい］
5 卑近［うえん・がじゅん・りょうえん］
6 粗雑［ごうせい・せいち・せんめい］
7 瞬間［えいごう・こうばく・ちょうせい］
8 遵奉［けいぶ・ちょくめい・はいち］
9 緊張［しかん・たいまん・ほうたん］
10 弥縫［こそく・はくだつ・はたん］

標準解答

1	2	3	4	5	6	7	8	9	10
伯仲	混沌	旧套	払底	迂遠	精緻	永劫	背馳	弛緩	破綻

問 次の語の**類義語**を下の［　］からそれぞれ選び、**漢字**で記せ。

1 大計［はんと・ゆうと・りょうが］
2 朝暮［えいきょ・せいそう・たんせき］
3 波及［しんちょう・でんぱ・ふへん］
4 斧正［かたい・せいとん・てんさく］
5 大要［こうがい・ざっぱく・ちみつ］
6 争覇［かんとう・せいあつ・ちくろく］
7 仰天［いしゅく・きょうとう・とんきょう］
8 乱脈［がかい・ぶざつ・もんぜつ］
9 索莫［こうりょう・さんび・ちょうらく］
10 妙趣［えんれい・ききょう・だいごみ］

標準解答

1	2	3	4	5	6	7	8	9	10
雄図	旦夕	伝播	添削	梗概	逐鹿	驚倒	蕪雑	荒涼	醍醐味

問 次の語の**対義語**を後の□の中から選び、**漢字**で記せ。□の中の語は一度だけ使うこと。

1 清楚
2 進捗
3 付与
4 憂慮
5 欣快

あんど・しゅうしょう・ていとん・のうえん・はくだつ

6 出家
7 善良
8 諫言
9 陳腐
10 謙抑

あくらつ・げんぞく・ざんしん・ついしょう・ふそん

標準解答

1	2	3	4	5	6	7	8	9	10
濃艶	停頓	剥奪	安堵	愁傷	還俗	悪辣	追従	斬新	不遜

問 次の語の**類義語**を後の□の中から選び、**漢字**で記せ。□の中の語は一度だけ使うこと。

1 掃蕩
2 消長
3 台所
4 地獄
5 軽少

くちく・ささい・ちゅうぼう・ならく・ふちん

6 工面
7 極意
8 経緯
9 剃髪
10 仲介

あっせん・てんまつ・ねんしゅつ・ひけつ・らくしょく

標準解答

1	2	3	4	5	6	7	8	9	10
駆逐	浮沈	厨房	奈落	些細	捻出	秘訣	顛末	落飾	斡旋

問　次の**1**〜**5**の**対義語**、**6**〜**10**の**類義語**を後の□の中から選び、**漢字**で記せ。□の中の語は一度だけ使うこと。

対義語

1　不毛
2　回復
3　謙虚
4　明瞭
5　安泰

類義語

6　滞在
7　懐柔
8　一番槍
9　抗論
10　風聞

きたい・ごうがん・こうせつ
しっつい・せんく・とうりゅう
はんばく・ひよく・もこ
ろうらく

標準解答

1	2	3	4	5	6	7	8	9	10
肥沃	失墜	傲岸	模糊	危殆	逗留	籠絡	先駆	反駁	巷説

対義語

1　愚昧
2　爽快
3　莫大
4　匡正
5　迫害

類義語

6　偽作
7　未曽有
8　面相
9　激浪
10　結局

うっくつ・がんさく・きんしょう
しょせん・そうめい・どとう
はてんこう・ひご・ようぼう
わいきょく

標準解答

1	2	3	4	5	6	7	8	9	10
聡明	鬱屈	僅少	歪曲	庇護	贋作	破天荒	容貌	怒濤	所詮

問　次の**1**～**5**の**対義語**、**6**～**10**の**類義語**を後の□の中から選び、**漢字**で記せ。□の中の語は一度だけ使うこと。

対義語

1 失墜
2 天神
3 昏迷
4 険阻
5 起工

類義語

6 恐慌
7 学識
8 口調
9 容赦
10 道楽

かくせい・かんじょ・こうふん
しゅんせい・ぞうけい・ちぎ
ばんかい・へいたん・ほうとう
ろうばい

標準解答

1	2	3	4	5	6	7	8	9	10
挽回	地祇	覚醒	平坦	竣成	狼狽	造詣	口吻	寛恕	放蕩

対義語

1 凋落
2 騒乱
3 晦日
4 軽侮
5 安堵

類義語

6 洪水
7 忠告
8 億劫
9 排撃
10 通暁

いけい・かんげん・きぐ
さくじつ・しだん・たいぎ
ちしつ・ちんぶ・はんらん
ぼっこう

標準解答

1	2	3	4	5	6	7	8	9	10
勃興	鎮撫	朔日	畏敬	危惧	汎氾濫	諫言	大儀	指弾	知悉

問 次の1～5の**対義語**、6～10の**類義語**を後の□の中から選び、**漢字**で記せ。□の中の語は一度だけ使うこと。

対義語

1 間近
2 進取
3 接着
4 露出
5 傲慢

類義語

6 終身
7 不審
8 一掃
9 腹心
10 堪能

うろん・けんよく・ここう
しゃへい・たいえい・はくり
ひっせい・ふっしょく
りょうえん・れんたつ

標準解答

1	2	3	4	5	6	7	8	9	10
遼遠	退嬰	剝離	遮蔽	謙抑	畢生	烏胡乱	払拭	股肱	練達

対義語

1 永住
2 崇敬
3 豪胆
4 会心
5 正史

類義語

6 悪辣
7 起用
8 動顛
9 果報
10 近道

あこぎ・おくびょう・かぐう
ぎょうてん・しょうけい
つうこん・はいし・ばってき
ぼうとく・みょうり

標準解答

1	2	3	4	5	6	7	8	9	10
仮寓	冒瀆	臆病	痛恨	稗史	阿漕	抜擢	仰天	冥利	捷径

問 次の**1**～**5**の**対義語**、**6**～**10**の**類義語**を後の□の中から選び、**漢字**で記せ。□の中の語は一度だけ使うこと。

対義語

1 感恩
2 貫徹
3 枯渇
4 野鳥
5 安寧

類義語

6 縁者
7 鍛錬
8 退屈
9 碩儒
10 愚弄

えんこん・かきん・けんたい
ざせつ・じょうらん・しんせき
たいと・ちょうろう・とうや
ゆうしゅつ

標準解答

1	2	3	4	5	6	7	8	9	10
怨恨	挫折	湧涌出	家禽	擾乱	親戚	陶冶	倦怠	泰斗	嘲弄

対義語

1 覚醒
2 遅鈍
3 活用
4 激賞
5 明朗

類義語

6 頓着
7 横行
8 虚実
9 配偶者
10 崩潰

あんうつ・がかい・こうでい
こんすい・しぞう・しんがん
ちょうりょう・つうば・はんりょ
びんしょう

標準解答

1	2	3	4	5	6	7	8	9	10
昏睡	敏捷	死蔵	痛罵	暗鬱	拘泥	跳梁	真贋	伴侶	瓦解

問 次の**1**～**5**の**対義語**、**6**～**10**の**類義語**を後の□の中から選び、**漢字**で記せ。□の中の語は一度だけ使うこと。

対義語

1 灌木
2 濃艶
3 狭量
4 寛大
5 蓄財

類義語

6 同僚
7 秘訣
8 軽率
9 悶着
10 根城

おうよう・かっとう・きょうぼく
こたん・しゅんれつ・そうくつ
そこつ・とうじん・ほうばい
ようてい

標準解答

1	2	3	4	5	6	7	8	9	10
喬木	枯淡	鷹揚	峻烈	蕩尽	傍朋輩	要諦	楚粗忽	葛藤	巣窟

対義語

1 文治
2 還俗
3 熟視
4 明瞭
5 凝滞

類義語

6 清純
7 洞察
8 繁栄
9 不可欠
10 花形

あいまい・かんぱ・しんちょく
ちょうじ・ていはつ・ひっす
ぶだん・べっけん・むく
りゅうしょう

標準解答

1	2	3	4	5	6	7	8	9	10
武断	剃髪	瞥見	曖昧	進捗	無垢	看破	隆昌	必須	寵児

問　次の1～5の**対義語**、6～10の**類義語**を後の□の中から選び、**漢字**で記せ。□の中の語は一度だけ使うこと。

対義語

1 富貴
2 永劫
3 脆弱
4 静粛
5 畏敬

類義語

6 卓出
7 逐電
8 矛盾
9 友好
10 絶壁

えいだつ・きょうじん・けんがい
けんそう・しゅっぽん・しんぼく
せつな・どうちゃく・ひんせん
ぶべつ

標準解答

1	2	3	4	5	6	7	8	9	10
貧賤	刹那	強靭	喧騒	侮蔑	穎脱	出奔	撞着	親睦	懸崖

対義語

1 称讃
2 公平
3 追跡
4 肥沃
5 広漠

類義語

6 優越
7 突如
8 張本
9 鋭敏
10 還付

がぜん・きょうさく・こうぶ
さいり・しっせき・しゅかい
とんそう・へんぱ・へんれい
りょうが

標準解答

1	2	3	4	5	6	7	8	9	10
叱責	偏頗	遁走	荒蕪	狭窄	陵凌 駕	俄然	首魁	犀利	返戻

問 次の1〜5の**対義語**、6〜10の**類義語**を後の□の中から選び、**漢字**で記せ。□の中の語は一度だけ使うこと。

対義語

1 必然
2 活躍
3 緻密
4 聡慧
5 僅少

類義語

6 碇泊
7 童心
8 鄭重
9 出版
10 魔手

がいぜん・ぐまい・こんとう
じょうし・ずさん・そうが
ちき・とうびょう・ばくだい
ひっそく

標準解答

1	2	3	4	5	6	7	8	9	10
蓋然	逼塞	杜撰	愚昧	莫大	投錨	稚気	懇到	上梓	爪牙

対義語

1 払暁
2 平明
3 絶賛
4 乱射
5 浅瀬

類義語

6 誘発
7 頑丈
8 脱俗
9 敏腕
10 衰微

いんとん・かいじゅう・けんろう
こうこん・じゃっき・しんえん
そげき・ちょうらく・ばとう
らつわん

標準解答

1	2	3	4	5	6	7	8	9	10
黄昏	晦渋	罵倒	狙撃	深淵	惹起	堅牢	隠遁	辣腕	凋落

四字熟語

問 次の四字熟語の（**1**〜**10**）に入る適切な語を後の□から選び、**漢字二字**で記せ。

（1）為楽
（2）貫日
（3）模糊
（4）同時
（5）一触

荒唐（6）
臥薪（7）
虚心（8）
徒手（9）
君子（10）

あいまい・がいしゅう・くうけん
じゃくめつ・しょうたん
そったく・たんかい・はくこう
ひょうへん・むけい

標準解答

1	2	3	4	5	6	7	8	9	10
寂滅	白虹	曖昧	啐啄	鎧袖	無稽	嘗胆	坦懐	空拳	豹変

（1）猛進
（2）昇天
（3）進退
（4）沈船
（5）骨立

長身（6）
魚網（7）
和光（8）
舞文（9）
六根（10）

あいき・きょくじつ・こうり
しゅっしょ・しょうじょう
そうく・ちょとつ・どうじん
はふ・ろうほう

標準解答

1	2	3	4	5	6	7	8	9	10
猪突	旭日	出処	破釜	哀毀	痩軀	鴻離	同塵	弄法	清浄

問 次の四字熟語の（1〜10）に入る適切な語を後の□から選び、**漢字二字**で記せ。

（1）妖怪
（2）保身
（3）身命
（4）非宝
（5）走狗

性行（6）
一目（7）
四面（8）
拍手（9）
情緒（10）

かっさい・こり・しゅくきん
せきへき・そか・てんめん
ひよう・ふしゃく・めいてつ
りょうぜん

標準解答

1	2	3	4	5	6	7	8	9	10
狐狸	明哲	不惜	尺璧	飛鷹	淑均	瞭然	楚歌	喝采	纏綿

（1）坑儒
（2）熱罵
（3）汗簡
（4）迎合
（5）握髪

一碧（6）
抜山（7）
羊質（8）
笑面（9）
欣喜（10）

あふ・がいせい・こひ
じゃくやく・せいし・とほ
ばんけい・ふんしょ・やしゃ
れいちょう

標準解答

1	2	3	4	5	6	7	8	9	10
焚書	冷嘲	青史	阿付附	吐哺	万頃	蓋世	虎皮	夜叉	雀躍

問　次の四字熟語の（**1**～**10**）に入る適切な語を後の□から選び、**漢字二字**で記せ。

（1）不遜
（2）惑衆
（3）零墨
（4）美俗
（5）露宿

長汀（6）
暮色（7）
天壌（8）
釜底（9）
筆耕（10）

きょくほ・けんでん・ごうがん
じゅんぷう・そうぜん・だんかん
ちゅうしん・ふうさん・むきゅう
ようげん

標準解答

1	2	3	4	5	6	7	8	9	10
傲岸	妖言	断簡	醇風	風餐	曲浦	蒼然	無窮	抽薪	硯田

（1）俗語
（2）神助
（3）雲客
（4）戴天
（5）閉花

玩物（6）
純情（7）
清濁（8）
阿鼻（9）
経世（10）

かれん・きょうかん・けいしょう
さいみん・しゅうげつ・そうし
てんゆう・ふぐ・へいだん
へいどん

標準解答

1	2	3	4	5	6	7	8	9	10
平談	天 祐佑	卿相	不倶	羞月	喪志	可憐	併呑	叫喚	済民

問 次の四字熟語の〔1〜10〕に入る適切な語を左の□から選び、**漢字二字**で記せ。またその四字熟語と**関係のあるもの**を**下段**ア〜シから選び、〔11〜20〕に**記号**で記せ。

〔1〕浄土…〔11〕
〔2〕戴月…〔12〕
〔3〕暮蚊…〔13〕
〔4〕西望…〔14〕
〔5〕顛倒…〔15〕

亡羊〔6〕…〔16〕
蚕食〔7〕…〔17〕
竜章〔8〕…〔18〕
李下〔9〕…〔19〕
不失〔10〕…〔20〕

かでん・かんり・げいどん
ごんぐ・せいこく・ちょうよう
とうき・ひせい・ほうし・ほろう

〈解説・意味〉

ア 上下の順序が乱れること。
イ 疑われるようなことはするな。
ウ 天と地の全ての神々のこと。
エ 強者が様々なやり方で弱者を侵掠する。
オ 死後の極楽往生を願う。
カ 重要な点を正確にとらえる。
キ じっと獲物を狙うさま。
ク つまらぬ人物がはびこるたとえ。
ケ 落ち着きのない様子。
コ 朝早くから夜遅くまで働く。
サ 立派な風格。
シ あとのまつり。

標準解答

書き取り

1	2	3	4	5	6	7	8	9	10
欣求	披星	朝蠅	東窺	冠履	補牢	鯨呑	鳳姿	瓜田	正鵠

解説・意味

11	12	13	14	15	16	17	18	19	20
オ	コ	ク	ケ	ア	シ	エ	サ	イ	カ

問 次の四字熟語の〔**1**〜**10**〕に入る適切な語を左の□から選び、**漢字二字**で記せ。またその四字熟語と**関係のあるものを下段ア〜シから選び、**（**11**〜**20**）に**記号**で記せ。

〔**1**〕夢幻…（**11**）
〔**2**〕豚児…（**12**）
〔**3**〕百出…（**13**）
〔**4**〕望天…（**14**）
〔**5**〕満門…（**15**）

熟読〔**6**〕…（**16**）
一世〔**7**〕…（**17**）
行住〔**8**〕…（**18**）
採薪〔**9**〕…（**19**）
紫電〔**10**〕…（**20**）

いっせん・がんみ・きゅうすい
けいさい・ざが・たいぼん
とうり・はたん・ほうまつ
ぼくたく

〈解説・意味〉
ア　きわめて短い時間。
イ　内容をじっくりあじわう。
ウ　簡素で自然のままの生活。
エ　身内の者の謙称。
オ　苦労を共にして努力する。
カ　日常の振る舞いのこと。
キ　二つのことを一度になすことはできない。
ク　優秀な人材が多く集まる。
ケ　失敗ばかりしている。
コ　多くの意見が出る。
サ　人生のはかなさ。
シ　人々を正しく導く人。

標準解答

書き取り

1	2	3	4	5	6	7	8	9	10
泡	荊	破	戴	桃	翫玩	木	座坐	汲	一
沫	妻	綻	盆	李	味	鐸	臥	水	閃

解説・意味

11	12	13	14	15	16	17	18	19	20
サ	エ	ケ	キ	ク	イ	シ	カ	ウ	ア

問 次の四字熟語の〔1～10〕に入る適切な語を左の□から選び、**漢字二字**で記せ。またその四字熟語と**関係のあるものを下段**ア～シから選び、〔11～20〕に**記号**で記せ。

〔1〕十菊…〔11〕
〔2〕夕虚…〔12〕
〔3〕生呑…〔13〕
〔4〕錯節…〔14〕
〔5〕瓦鶏…〔15〕

前虎〔6〕…〔16〕
竹頭〔7〕…〔17〕
美酒〔8〕…〔18〕
白兎〔9〕…〔19〕
通暁〔10〕…〔20〕

> かこう・かっぱく・こうろう
> せきう・ちょうえい・ちょうたつ
> とうけん・ばんこん・ぼくせつ
> りくしょう

〈解説・意味〉

ア　喜ばれるようなもてなし。
イ　運命を自分で切り開く。
ウ　他人の作品をそのまま盗用する。
エ　一難去ってまた一難。
オ　時間のこと。
カ　人生のはかないこと。
キ　詳しく知っていること。
ク　無用なもののたとえ。
ケ　事柄が入り組んで、解決が困難なこと。
コ　つまらぬ物も役に立つことがある。
サ　時期が過ぎては役に立たない。
シ　ばらばらに分裂する。

標準解答

書き取り

1	2	3	4	5	6	7	8	9	10
六菖	朝盈	活剝	盤根	陶犬	後狼	木屑	佳嘉肴	赤烏	暢達

解説・意味

11	12	13	14	15	16	17	18	19	20
サ	カ	ウ	ケ	ク	エ	コ	ア	オ	キ

問 次の四字熟語について、**問1**と**問2**に答えよ。

問1 次の四字熟語の（1～10）に入る適切な語を後の□から選び**漢字二字**で記せ。

ア（1）自大
イ（2）魚躍
ウ（3）三遷
エ（4）興亡
オ（5）力行

カ 周章（6）
キ 土崩（7）
ク 眼高（8）
ケ 道聴（9）
コ 金剛（10）

えんぴ・がかい・きんけん
しゅてい・ちらん・とせつ・ふえ
もうぼ・やろう・ろうばい

問2 次の11～15の**解説・意味**にあてはまるものを**問1**の**ア～コの四字熟語**から一つ選び、**記号**（ア～コ）で記せ。

11 実力が理想に伴わない。

12 本性に従って自由に楽しむ。

13 精一杯仕事に励み、質素に暮らすこと。

14 いいかげんな受け売り話。

15 身の程を知らずに威張ること。

標準解答

問1 書き取り

1	2	3	4	5	6	7	8	9	10
夜郎	鳶飛	孟母	治乱	勤倹	狼狽	瓦解	手低	途塗説	不壊

問2 解説・意味

11	12	13	14	15
ク	イ	オ	ケ	ア

問 次の四字熟語について、**問1**と**問2**に答えよ。

問1 次の四字熟語の（**1**～**10**）に入る適切な語を後の□から選び**漢字二字**で記せ。

ア（**1**）再拝
イ（**2**）魁偉
ウ（**3**）準縄
エ（**4**）沈魚
オ（**5**）附会

カ 純真（**6**）
キ 鼓腹（**7**）
ク 抜本（**8**）
ケ 気息（**9**）
コ 天神（**10**）

えんえん・きく・げきじょう
けんきょう・そくげん・ちぎ
とんしゅ・むく・ようぼう
らくがん

問2 次の**11**～**15**の**解説・意味**にあてはまるものを**問1**の**ア～コの四字熟語**から一つ選び、**記号**（ア～コ）で記せ。

11 無理なこじつけ。
12 物事の法則や手本。
13 災いの原因を取り除くこと。
14 世の太平を楽しむ。
15 美人のたとえ。

標準解答

問1 書き取り

1	2	3	4	5	6	7	8	9	10
頓首	容貌	規矩	落雁	牽強	無垢	撃壌	塞源	奄奄 奄々	地祇

問2 解説・意味

11	12	13	14	15
オ	ウ	ク	キ	エ

問 次の四字熟語について、**問1**と**問2**に答えよ。

問1 次の四字熟語の（1〜10）に入る適切な語を後の□から選び**漢字二字**で記せ。

ア（1）進退
イ（2）転生
ウ（3）一律
エ（4）復礼
オ（5）万里

カ 曲学（6）
キ 矛盾（7）
ク 融通（8）
ケ 泰山（9）
コ 閑雲（10）

あせい・きょそ・こうもう
こっき・せんぺん・どうちゃく
ほうてい・むげ・やかく・りんね

問2 次の11〜15の**解説・意味**にあてはまるものを**問1のア〜コの四字熟語**から一つ選び、**記号**（ア〜コ）で記せ。

11 悠悠自適の境遇。

12 ものにとらわれず自由であること。

13 私欲に打ち勝ち、社会規範に従う。

14 日常の立ち居振る舞い。

15 二者の差が甚だしいこと。

標準解答

問1 書き取り

1	2	3	4	5	6	7	8	9	10
挙措	輪廻	千編篇	克己	鵬程	阿世	撞着	無碍	鴻毛	野鶴

問2 解説・意味

11	12	13	14	15
コ	ク	エ	ア	ケ

問 次の1～5の**解説・意味**にあてはまる四字熟語を後の□から選び、その**傍線部分だけの読みをひらがな**で記せ。

1 無用の言論。

2 物事の法則や基準。

3 過失を巧妙にとりつくろう。

4 故郷をなつかしむ。

5 善に対して善でむくいることのたとえ。

一顧傾城・投桃報李・鉤縄規矩
円木警枕・落筆点蠅・春蛙秋蟬
満腔春意・胡馬北風

標準解答

1	2	3	4	5
しゅんあ	こうじょう	てんよう	こば	ほうり

---

1 人や物が入り乱れる様子。

2 猛烈に勉強すること。

3 親孝行のたとえ。

4 空がからりと晴れ渡るさま。

5 本物そっくりの偽物。

碧落一洗・繫風捕影・一張一弛
稲麻竹葦・魚目燕石・老萊斑衣
磨穿鉄硯・不惜身命

標準解答

1	2	3	4	5
ちくい	ません	ろうらい	へきらく	えんせき

問　次の**1**～**5**の**解説・意味**にあてはまる四字熟語を後の□から選び、その**傍線部分だけの読み**を**ひらがな**で記せ。

1 清貧に甘んじるたとえ。

2 取り柄のないもののたとえ。

3 おべんちゃら。

4 老人の若々しいこと。

5 物事がくいちがって合わないことのたとえ。

自家撞着・鶴髪童顔・箪食瓢飲
天香桂花・浮花浪蕊・氷壺秋月
方底円蓋・甜言蜜語

標準解答

1	2	3	4	5
たんし	ろうずい	てんげん	かくはつ	えんがい

---

1 有象無象が騒ぎ立てる。

2 美しい女性のこと。

3 山の木々がみずみずしく美しいさま。

4 非常に貧しいこと。

5 亡国の嘆き。

紫幹翠葉・邑犬群吠・尺短寸長
甑塵釜魚・氷肌玉骨・張三李四
麦秀黍離・伏竜鳳雛

標準解答

1	2	3	4	5
ゆうけん	ひょうき	すいよう	そうじん	しょり

問 次の**1**～**5**の**解説・意味**にあてはまる四字熟語を後の□から選び、その**傍線部分だけの読みをひらがな**で記せ。

1 権力者のかげで悪事を働く者。

2 殺風景なこと。

3 子孫が繁栄することのたとえ。

4 ぜいたくな生活。

5 詩文の才にすぐれていること。

象箸玉杯・蘭桂騰芳・城狐社鼠
鳴蟬潔飢・一蓮托生・鶏鳴狗盗
錦心繡口・焚琴煮鶴

標準解答

1	2	3	4	5
しゃそ	ふんきん	らんけい	ぞうちょ	しゅうこう

---

1 到達しうる最高点。

2 ふぞろいな物が入り混じっているさま。

3 友人を切に思うこと。

4 ありえないもののたとえ。

5 人の実力の差が様々であること。

参差錯落・相碁井目・百歩穿楊
兎角亀毛・梅妻鶴子・屋梁落月
運否天賦・百尺竿頭

標準解答

1	2	3	4	5
かんとう	しんし	おくりょう	とかく	せいもく

問 次の**1**～**5**の**解説・意味**にあてはまる四字熟語を後の□から選び、その**傍線部分だけの読みをひらがな**で記せ。

1 見かけだおし。

2 猛々しく貪欲で残忍な人物のたとえ。

3 外見と中身が調和して立派なこと。

4 めったにないこと。

5 皆の意見がまとまらないこと。

万頃瑠璃・鷹視狼歩・蓬頭垢面
甲論乙駁・盲亀浮木・羊頭狗肉
文質彬彬・捲土重来

標準解答

1	2	3	4	5
くにく	ようし	ひんぴん	もうき	おつばく

---

1 貴重な物や重い地位・名望のたとえ。

2 すぐれた人材。すぐれた子弟。

3 空しい望みをいだく。

4 日月のこと。

5 有名無実のたとえ。

金烏玉兎・臨淵羨魚・魯魚章草
亡羊補牢・菟糸燕麦・九鼎大呂
綾羅錦繡・芝蘭玉樹

標準解答

1	2	3	4	5
きゅうてい	しらん	せんぎょ	きんう	とし

問 文中の**四字熟語**の傍線部分の**カタカナ**を**漢字**で記せ。

1 **カシン**令月に華燭の典を挙げる。

2 この機を逃すと名誉**バンカイ**は難しい。

3 珍芸の数々に**ホウフク**絶倒する。

4 因循**コソク**なやり方が目に余る。

5 断章**シュギ**の解釈に批判的態度をとる。

6 **ザンシン**奇抜な着想に度肝を抜かれる。

7 多くの者が街談**コウセツ**に惑わされた。

8 その性、極めて温柔**トンコウ**である。

9 **シシ**奮迅の活躍だった。

10 何事かを為すには熱願**レイテイ**の気が必要だ。

標準解答

1	2	3	4	5	6	7	8	9	10
佳嘉	挽	抱捧	姑	取	斬	巷	惇敦	獅	冷
辰	回	腹	息	義	新	説	厚	子	諦

11 一大帝国も遂に**ヒョウショウ**瓦解した。

12 執行役員が**キュウシュ**凝議している。

13 規則を**シャクシ**定規に当てはめる。

14 念願成就はいまだ前途**リョウエン**だ。

15 例の如く**モズ**勘定をもくろんでいた。

16 **カッコ**不抜の精神を養う。

17 疾風**ドトウ**の時代を生き抜いた。

18 **ランエイ**湖光の景に見入る。

19 名声**カクカク**たる文壇の大御所だ。

20 位人臣を極め、**エイヨウ**栄華を尽くす。

11	12	13	14	15	16	17	18	19	20
氷	鳩	杓	遼	百	確	怒	嵐	赫赫	栄
消	首	子	遠	舌	固乎	濤	影	々赫	耀

問 次の故事・成語・諺の**カタカナ**の部分を**漢字**で記せ。

1 **バクギャク**の友。
2 **モッケ**の幸い。
3 朝に**コウガン**ありて夕べに白骨となる。
4 **ウリ**の蔓に茄子はならぬ。
5 河童の**カンゲイコ**。
6 **クボ**き所に水溜まる。
7 **イハツ**を継ぐ。
8 危うきこと**ルイラン**の如し。
9 **エンオウ**の契り。
10 死は或いは泰山より重く、或いは**コウモウ**より軽し。

標準解答

1	2	3	4	5	6	7	8	9	10
莫逆	勿怪 物	紅顔	瓜	寒稽古	窪・凹	衣鉢	累卵	鴛鴦	鴻毛

11 人を**ノロ**わば穴二つ。
12 **コウゼン**の気を養う。
13 一家は遠のく、**ノミ**は近寄る。
14 **ウド**の大木。
15 門前**ジャクラ**を張る。
16 **ルリ**の光も磨きがら。
17 **シュンメ**痴漢を乗せて走る。
18 鴨が**ネギ**を背負って来る。
19 **リョウキン**は木を択ぶ。
20 **リカ**に冠を正さず。

11	12	13	14	15	16	17	18	19	20
呪	浩然	蚤	独活	雀羅	瑠璃 琉	駿馬	葱	良禽	李下

問　次の故事・成語・諺の**カタカナ**の部分を**漢字**で記せ。

1 洛陽の**シカ**を高める。

2 **ミノカサ**を着て人の家に入らぬもの。

3 欲の**クマタカ**股裂くる。

4 **ボンノウ**の犬は追えども去らず。

5 命長ければ**ホウライ**を見る。

6 渇しても**トウセン**の水を飲まず。

7 **ケンカ**両成敗。

8 **ガイコツ**を乞う。

9 外面似菩薩、内心如**ヤシャ**。

10 **カコウ**有りといえども食らわずんばその旨きを知らず。

標準解答

1	2	3	4	5	6	7	8	9	10
紙	蓑	熊	煩	蓬	盗	喧	骸	夜	佳嘉
価	笠	鷹	悩	莱	泉	嘩	骨	叉	肴

---

11 **キンパク**がはげる。

12 湯の**ジギ**は水になる。

13 **ウロ**の争い。

14 火中の**クリ**を拾う。

15 人生字を識るは**ユウカン**の始め。

16 百尺**カントウ**一歩を進む。

17 地獄の**サタ**も金次第。

18 **カデン**に履を納れず。

19 傘と**チョウチン**は戻らぬつもりで貸せ。

20 **キンジョウ**に花を添う。

11	12	13	14	15	16	17	18	19	20
金	辞	烏	栗	憂	竿	沙	瓜	挑提	錦
箔	宜儀	鷺		患	頭	汰	田	灯	上

問　次の故事・成語・諺の**カタカナ**の部分を**漢字**で記せ。

1 **ハキョウ**再び照らさず。

2 **ヒル**に塩。

3 **ケシ**の中に須弥山あり。

4 **キョウキン**を開く。

5 **ソバ**の花見て蜜を取れ。

6 武士は食わねど高**ヨウジ**。

7 鳩に三枝の礼あり、烏に**ハンポ**の孝あり。

8 **カイケイ**の恥を雪ぐ。

9 一斑を見て**ゼンピョウ**をトす。

10 礼儀は**フソク**に生じ、盗窃は貧窮に起こる。

標準解答

1	2	3	4	5	6	7	8	9	10
破鏡	蛭	芥子	胸襟	蕎麦	楊枝 子	反哺 返	会稽	全豹	富足

11 羊を亡いて**ロウ**を補う。

12 歓楽極まりて**アイジョウ**多し。

13 **シャカ**に宗旨なし。

14 **トタン**の苦しみ。

15 裸で**ユズ**の木に登る。

16 **イチモツ**の鷹も放さねば捕らず。

17 爪の垢を**セン**じて飲む。

18 鐘も**シュモク**の当たりがら。

19 **キシン**矢の如し。

20 玉の**コシ**に乗る。

11	12	13	14	15	16	17	18	19	20
牢	哀情	釈迦	塗炭	柚 柚子	逸物	煎	撞木	帰心	輿

問 次の故事・成語・諺の**カタカナ**の部分を**漢字**で記せ。

1 **ヌ**れ手で粟。
2 文章は**ケイコク**の大業、不朽の盛事。
3 **ヌカ**に釘。
4 尋常の溝には**ドンシュウ**の魚なし。
5 **ケサ**と衣は心に着よ。
6 亀の年を鶴が**ウラヤ**む。
7 **ヨシ**の髄から天を覗く。
8 秋刀魚が出ると**アンマ**が引っ込む。
9 **カセイ**は虎よりも猛し。
10 理屈と**コウヤク**はどこにでもつく。

標準解答

1	2	3	4	5	6	7	8	9	10
濡	経国	糠	呑舟	袈裟	羨	葦	案按摩	苛政	膏薬

11 付け焼き刃は**ナマ**りやすい。
12 **コウヤ**の白袴。
13 **シシ**に鞭打つ。
14 **トビ**が鷹を生む。
15 積善の家には必ず**ヨケイ**あり。
16 **ウミ**の出る目に気遣いなし。
17 画**ベイ**飢えを充たさず。
18 **チョウモン**の一針。
19 **ブンボウ**牛羊を走らす。
20 家貧しくして**コウシ**顕れ、世乱れて忠臣を識る。

11	12	13	14	15	16	17	18	19	20
鈍	紺屋	死屍	鳶	余慶	膿	餅	頂門	蚊虻	孝子

問 次の故事・成語・諺の**カタカナ**の部分を**漢字**で記せ。

1 **ヒジ**鉄砲を食わす。

2 難波の葦は伊勢の浜**オギ**。

3 野に**イケン**無し。

4 **シャベ**る者は半人足。

5 遠慮なければ**キンユウ**あり。

6 **カンリ**を貴んで頭足を忘る。

7 盗人**タケダケ**しい。

8 創業は易く**シュセイ**は難し。

9 愛**オクウ**に及ぶ。

10 歳寒くして**ショウハク**の凋むに後るるを知る。

標準解答

1	2	3	4	5	6	7	8	9	10
肘・肱	荻	遺賢	喋	近憂	冠履	猛猛・猛々	守成	屋烏	松柏

11 人間万事**サイオウ**が馬。

12 万緑**ソウチュウ**紅一点。

13 禍福は**アザナ**える縄の如し。

14 **ホラ**が峠をきめこむ。

15 骨折り損の**クタビ**れ儲け。

16 海中より盃中に**デキシ**する者多し。

17 **セイア**は以て海を語るべからず。

18 大道廃れて**ジンギ**有り。

19 **サギ**は洗わねどもその色白し。

20 昔とった**キネヅカ**。

11	12	13	14	15	16	17	18	19	20
塞翁	叢中	糾	洞	草臥	溺死	井蛙	仁義	鷺	杵柄

問 次の故事・成語・諺の**カタカナ**の部分を**漢字**で記せ。

1 犬骨折って鷹の**エジキ**。

2 天網**カイカイ**疎にして漏らさず。

3 **マリ**と手と歌は公家の業。

4 **アブハチ**取らず。

5 石臼を**ハシ**に刺す。

6 魚の**フチュウ**に遊ぶが如し。

7 七皿食うて**サメクサ**い。

8 **カネ**や太鼓で探す。

9 **テップ**の急。

10 富貴も淫する能わず、**ヒンセン**も移す能わず。

標準解答

1	2	3	4	5	6	7	8	9	10
餌食	恢恢 恢々	鞠	虻蜂	箸	釜中	鮫臭	鉦	轍鮒	貧賤

11 瓢箪から**コマ**が出る。

12 **ケイグン**の一鶴。

13 小智は**ボダイ**の妨げ。

14 **ズキン**と見せて頰かぶり。

15 **イワシ**の頭も信心から。

16 断じて行えば**キシン**も之を避く。

17 **オウム**は能く言えども飛鳥を離れず。

18 下手な**カジ**屋も一度は名剣。

19 棚から**ボタモチ**。

20 知者は未だ**キザ**さざるに見る。

11	12	13	14	15	16	17	18	19	20
駒	鶏群	菩提	頭巾	鰯	鬼神	鸚鵡	鍛冶	牡丹餅	萌・兆

問 次の故事・成語・諺の**カタカナ**の部分を**漢字**で記せ。

1 **ヤミヨ**に烏、雪に鷺。

2 **キョウボク**は風に折らる。

3 自家**ヤクロウ**中の物。

4 自慢の**クソ**は犬も食わぬ。

5 **コチョウ**の夢の百年目。

6 **シュツラン**の誉れ。

7 片手で**キリ**はもめぬ。

8 朝菌は**カイサク**を知らず。

9 **エテ**に帆を揚げる。

10 三軍も帥を奪うべし、**ヒップ**も志を奪うべからず。

標準解答

1	2	3	4	5	6	7	8	9	10
闇夜	喬木	薬籠	糞	胡蝶	出藍	錐	晦朔	得手	匹夫

---

11 **キュウソ**猫を嚙む。

12 **コウセン**の路上老少無し。

13 **ノレン**に腕押し。

14 泥中の**ハチス**。

15 **ケガ**の功名。

16 花は三月**ショウブ**は五月。

17 一富士二鷹三**ナスビ**。

18 慌てる**カニ**は穴へ這入れぬ。

19 修身**セイカ**治国平天下。

20 買うは**モラ**うに勝る。

11	12	13	14	15	16	17	18	19	20
窮鼠	黄泉	暖簾	蓮	怪我	菖蒲	茄子 茄	蟹	斉家	貰

問　次の故事・成語・諺の**カタカナ**の部分を**漢字**で記せ。

1 香**ジ**の下 必ず死魚有り。

2 **セイコク**を射る。

3 巧詐は**セッセイ**に如かず。

4 **ジュシ**ともに謀るに足らず。

5 **チョッカン**は一番槍より難し。

6 **アリ**の思いも天に届く。

7 味噌**コ**しで水を掬う。

8 枯れ木も山の**ニギ**わい。

9 **アイサツ**は時の氏神。

10 貧賤の知は忘るべからず、**ソウコウ**の妻は堂より下さず。

標準解答

1	2	3	4	5	6	7	8	9	10
餌	正鵠	拙誠	竪子	直諫	蟻	漉	賑	挨拶	糟糠

11 **ユウメイ**境を異にする。

12 元の**サヤ**に収まる。

13 飛鳥尽きて**リョウキュウ**蔵る。

14 蜘蛛が網を張りて**ホウオウ**を待つ。

15 **カナエ**の軽重を問う。

16 眼光**シハイ**に徹す。

17 **ワサビ**と浄瑠璃は泣いて誉める。

18 **ノウジ**畢われり。

19 **ソウメン**で首くくる。

20 破れ鍋に**ト**じ蓋。

11	12	13	14	15	16	17	18	19	20
幽明	鞘	良弓	鳳凰	鼎	紙背	山葵	能事	素麺 索麺	綴

問　次の故事・成語・諺の**カタカナ**の部分を**漢字**で記せ。

1　身体**ハップ**之を父母に受く。

2　中流に舟を失えば**イッピョウ**も千金。

3　糠に**クギ**。

4　白駒の**ゲキ**を過ぐるが若し。

5　**カナヅチ**の川流れ。

6　**イソギワ**で舟を破る。

7　錐の**ノウチュウ**に処るが若し。

8　失策は人にあり、**カンジョ**は神にあり。

9　**キカ**居くべし。

10　天地は万物の**ゲキリョ**、光陰は百代の過客。

標準解答

1	2	3	4	5	6	7	8	9	10
髪膚	一瓢	釘	隙	金 鎚槌	磯際	嚢中	寛恕	奇貨	逆旅

11　損せぬ人に**モウ**けなし。

12　**コウジ**魔多し。

13　負け相撲の痩せ**シコ**。

14　**フクテツ**を踏む。

15　**ヒョウタン**相容れず。

16　身から出た**サビ**。

17　**ワイロ**には誓紙を忘る。

18　**コイ**の滝登り。

19　正直貧乏 横着**エイヨウ**。

20　**センダン**は双葉より芳し。

11	12	13	14	15	16	17	18	19	20
儲	好事	四股	覆轍	氷炭	錆	賄賂	鯉	栄耀	栴檀

三　文章

解説

M

文章

三　文章

これまで様々な側面から、日本語の重要な構成要素としての漢字に照明を当ててきましたが、漢字の学習が単に漢字そのもの、その形・音・義を習得して終了するというものでないことは最早自明でしょう。漢字は、漢字と仮名を併せ用いる書記言語としての日本語の文章中で使われる文字であるというだけでなく、特定の漢字を選び用いるということ自体が、日本語における語や句の表現として、書き手の思想や感情を伝える媒体ともなっています。漢字の学習は、同時に日本語の歴史の中で用いられてきた語や句の学習であり、そのことを通してわたしたちの日本語を洗練させ語彙を豊かにすること、わたしたちの言語に厚みを加えることも可能になります。

漢字の字種については、まず日常的な言語生活において自他の間の意思疎通を図りコミュニケーションを円滑にするために不可欠とされる常用漢字表の字種二一三六字を習得することによって、言語的にいわば社会人の資格を得たということになります。この基盤の上に、自分の漢字力をその中心の一つとする国語力を、不断に増強し、充実させる努力を続けることによって、わたしたちの一人一人が、豊かな知識と教養に支えられた言語的な世界を構築することもできるはずです。それは豊かな日本の言語文化を我がものとする喜びを得る道にも通じています。日本漢字能力検定（以下、「漢検」）の社会的使命も、人々がそれぞれの言語生活を高める過程に寄与しうることを措いてありません。

和漢の古典に親しみ、明治期以降の知識人、文学者の著述を読む楽しみを享受するには、それに対応しうるだけの漢字力、語彙力を血肉化するための努力を怠ることはできません。

ここでは、文語であると口語であるとを問わず、過去の日本語、主として明治期以降の近代の文学、思想、随想などの文章における漢字使用の生きた実例を体験します。常用漢字という枠の取り外された日本語の表記の世界がここにあります。わたしたちはここに、現在の日本語の表記に至るまでの、先人たちの苦闘と見事な達成とを目撃することができるでしょう。そして、わたしたちが現在その内にある日本語の状況も、長い日本語の歴史における一状況であることが如実に体感されるかと思います。わたしたちの誰もが日本語の歴史に参画しているのです。

　戦後の一連の国語施策、就中、漢字の制限的な使用を意図した当用漢字表の時代をすでに経験した、現代の多様な書記言語の状況において、過去の伝統文化を記録し継承することに加えて、現今の社会的事象や思想的な営為に言語的な表現を付与しようとすれば、漢字の字種はＪＩＳ第一・第二水準の約六千字種を上回って使用されざるをえないという現実は十分に認識しておく必要があるでしょう。漢検１級に至る学習もそのような歴史的・社会的な現実に応えうる力を育てる学習として意味づけられます。

問 文章中の傍線（1〜10）の**カタカナ**を**漢字**に直し、波線（ア〜コ）の**漢字**の**読み**を**ひらがな**で記せ。

A 万葉集は、藤原朝より奈良朝に至る間の**ヘンサン**[1]であり、正に新日本の文化が**ボッコウ**[2]せんとする、洋々たる創世紀時代の歌集であった。特にその新興民族の気宇が高く、詩藻の雄大豪壮のことは無比であり、後世これと**ヒケン**[3]し得る歌集は一つもない。けだし万葉以後の日本人は、国勢の推移につれて次第に**タイエイ**[4]的となり、遂に全く島国根性の中に萎縮してしまった為である。

（萩原朔太郎「恋愛名歌集」より）

B すると間もなく**スサ**[5]まじい音をはためかせて、汽車が隧道《トンネル》へなだれこむと同時に、小娘の開けようとした硝子《ガラス》戸は、とうとうばたりと下へ落ちた。そうしてその四角な穴の中から、**スス**[6]を溶かしたようなどす黒い空気が濛《もう》々と車内へ漲《みなぎ》り出した。元来咽喉を害していた私は、この煙を満面に浴びせられたおかげで、殆ど息もつけない程咳きこまなければならなかった。が、小娘は私に**トンチャク**[7]する気色も見えず、窓から外へ首をのばして、闇を吹く風に銀杏[ア]返しの鬢《びん》の毛を**ソヨ**[8]がせながら、じっと汽車の進む方向を見やっている。

（芥川龍之介「蜜柑」より）

標準解答
書き取り

1	2	3	4	5	6	7	8	9	10
編纂	勃興	比肩	退嬰	凄	煤	頓着	戦	夙	鮮血

C

先生幼にして穎悟、**ツト**に経史に通じ、詩文を善くせる者の如し。而して其の性極めて温順謹厚の人なりしは、頗る奇なるに似たり。母堂屢予等に語って曰《いわ》く、篤介少時、温順謹厚にして女児の如く、深く読書を好みて郷党の賞賛する所となりき。而して今や即ち酒を被《あお》って放縦至らざる無し。性情の変化する、何ぞ如此《かくのごと》く甚だしきや、卿等年少慎んで彼に倣う勿れと。然れども先生の母堂に事えて至孝なる、其の生涯を通じて渝《か》わらず、一事の命ぜらるる毎に、唯々として敢えて或いは違わざりき。

先生の仏国に在るや、深く民主共和の主義を崇奉し、階級を忌むこと蛇蝎《だかつ》の如く、貴族を悪むこと仇讐《きゅうしゅう》の如く、誓って之を荊除して以て斯民の権利を保全せんと期するや論なし。且つ謂えらく、古今東西、一たび**センケツ**を濺《そそ》がずして、能く真個の民権を確保し得たる者ある乎。吾人は宜しく自己の力を揮って、専制政府を顛覆し、正義自由なる制度を建設すべきのみと。

先生今や即ち亡し。此の夕べ独り先生病中の小照に対して坐する者多時、涙覚えず数行下る。既にして思う、徒に涕泣《ていきゅう》する、是児女の為《わざ》のみ、先生我に誨《おし》ゆるに文章を以てす、夫《そ》の意気を導達する、それ惟是乎、即ち禿筆を援《ひ》きて終宵寝《い》ねず。

（幸徳秋水「兆民先生」より）

読み

ア	イ	ウ	エ	オ	カ	キ	ク	ケ	コ
いちょう	えいご	しばしば	なか	つか	たが	にく	ふる	ただ	とくひつ

問 文章中の傍線（1〜10）の**カタカナ**を**漢字**に直し、波線（ア〜コ）の**漢字**の**読み**を**ひらがな**で記せ。

A 例えば小学で作文を教えるのを見ると、大抵の教師が或る題の下に予めこういう風に作れといって[1]**キュウトウ**的な概念を授けて書かせます。そういう教育法は人間の個性を殺すものですから母たる者は学校に向かって抗議するのが当然ですけれど、[ア]窃かに[2]**ソウメイ**を以て任じているそれらの新主婦たちは全くこういう事実を[3]**トウカン**に附しております。

（与謝野晶子「婦人改造と高等教育」より）

B 女は恋をするにも命がけです。しかし男は必ずしもそうと限りません。よし恋の場合に男は[イ]偶命がけであるとしても、産という命がけの事件には男は何の関係《かかわり》もなく、また何の役にも立ちません。昔から女はこんな命がけの負担を果たしながら、罪障の深い者の如く、劣者弱者の如くに取り扱われているのはどういう物でしょう。[ウ]縦令如何なる罪障や欠点があるにせよ、釈迦、基督《キリスト》の如き聖人を初め、歴史上の[4]**セキガク**や英雄を無数に生んだ功績は大したものではありませんか。その功績に対して当然他の一切を[5]**ジョ**しても宜しかろうと思います。

（与謝野晶子「一隅より」より）

標準解答
書き取り

1	2	3	4	5	6	7	8	9	10
旧套	聡明	等閑	碩学	恕	枚挙	剝奪	粟粒	蚕食	鉄腸

C 現今我が国の状態たるや、人民皆不同等なる、専制の政体を厭忌[エ]し、公平無私なる、立憲の政体を希望し、早く立憲の政体を立て、人民をして政に参せしめざる時は、憂国の余情溢れて、如何なる挙動なきにしも非ずと、種々当路者に向かって忠告するも、現政府の人民に対し、抑圧なる挙動は、実に[6]**マイキョ**に遑《いとま》あらず。就中[オ]儂《のう》の、最も感情を惹起せしは、新聞、集会、言論の条例を設け、天賦の三大自由権を[7]**ハクダツ**し、剰[カ]え儂等の生来曽て聞かざる諸税を課せし事なり。而してまた布告書等に奉勅云々の語を付し、畏れ多くも天皇陛下に罪状を附せんとするは、抑[キ]また何事ぞや。儂はこれを思う毎に苦悶懊悩《おうのう》の余り、暫し数行の血涙滾《こん》々たるを覚え、寒からざるに、肌《はだえ》に[8]**ゾクリュウ**を覚ゆる事しばしばなり。須臾《しゅゆ》にして、惟[ク]えらく嗚呼《ああ》かくの如くなる時は、無智無識の人民諸税収斂《しゅうれん》の酷なるを怨み、惨憺悲愴《さんたんひそう》の挙なきにしも非ずと。儂熟[ケ]考うるに、今や外交日に開け、表に相親睦するの状態なりと雖《いえど》も、腹中各針を蓄え、頻り東洋を[9]**サンショク**するの兆あり。儂思うて爰《ここ》に至れば、血涙淋漓《りんり》、[10]**テッチョウ**寸断、石心分裂の思い、愛国の情、転[コ]た切なるを覚ゆ。嗚呼日本に義士なき乎、嗚呼この国辱を雪がんと欲するの烈士、三千七百万中一人も非ざる乎、条約改正なき、また宜《むべ》なる哉と、内を思い、外を想うて、悲哀転輾《てんてん》、懊悩に堪えず。

（福田英子「妾の半生涯」より）

読み

ア	イ	ウ	エ	オ	カ	キ	ク	ケ	コ
ひそ	たまたま	たとい たとえ	えんき	なかんずく	あまつさ	そもそも そも	おも	つらつら	うた

問　文章中の傍線（1～10）の**カタカナ**を**漢字**に直し、波線（ア～コ）の**漢字**の**読み**を**ひらがな**で記せ。

A

柳吉が[1]**ユウトウ**に使う金はかなりの額だったから、遊んだあくる日はさすがに彼も蒼くなって、盃《さかずき》も手にしないで、黙々と鍋の中を掻きまわしていた。が、四五日たつと、やはり、客の酒の燗《かん》をするばかりが能やないと言い出し、混ぜない方の酒をたっぷり[2]**チョウシ**に入れて、[ア]銅壺の中へ浸けた。明らかに商売に飽いた風で、酔うと気が大きくなり、自然足は遊びの方に向いた。紺屋の[3]**シロバカマ**どころでなく、これでは柳吉の遊びに油を注ぐために商売をしているようなものだと、蝶子はだんだん後悔した。

（織田作之助「夫婦善哉《めおとぜんざい》」より）

B

私《わし》も出来る事なら、一年に一度ぐらいずつ住居《すまい》を変えて、其の地其の処の人情風俗をよく見たいものと思います、早くから家を定め動きもならず、また旅もよくせなんだは誠に残念、何時でも飛び出し、何処へも移れる君の境界《きょうがい》[4]**ウラヤ**ましと、是まで引っ越しの其の度に親族[イ]朋友大かたは又冗《むだ》入費の引っ越しか悪い癖よと咎《とが》めぬは[ウ]稀なるに、此の翁のみ方人《かたうど》なりしに、其の翁今は世になく、引っ越し栄えがあるまいかと思うに違いて、今度は荷物車の跡を押して[エ]呉れる友多く、中にも取り分け深切なは、お前はいつでも小さな真っ

標準解答

書き取り

1	2	3	4	5	6	7	8	9	10
遊蕩	銚子	白袴	羨	呪	蒔絵	怨敵	鼠	洞窟	容貌

黒な名刺《なふだ》を叱られぬ[5]**マジナ**いだけに出して置くが、彼《あれ》では真の通というものでない、近頃流行《はやり》の陶器《せともの》の名札を寄附するから、門へうやうやしく掲げるが能い、座敷飾りに美人絵の硝子《ガラス》の額を献じよう、否《いや》だという事があるか、僕は水牛の角に[6]**マキエ**をした掛花生を奉納と、寄ってかかって大通不思議の家が出来、ついに再び竹の屋主人、江戸ッ子と成り澄まし申し候、処は京橋すきや町、目を塞いで通っても知れる立派さゆえ、別に[オ]委しくは御披露申さず、オホン[カ]陵藪は小隠の住むところ、大隠は市、[キ]一期をば此の処にて栄ゆると話は終わりにまだならず、先ず此に居て徐に景勝の地を相し、両三年には諸君も後《しりえ》に瞠若《どうじゃく》たる銅雀台の如き、大廈《たいか》高楼を建築せん、其処も飽きたら人間一生五十三次、旅の宿りは其処にも此処にも、花は盛りに月は[ク]隈なし。

（饗庭篁村《こうそん》「大隠居の記」より）

C　実之助は、多年の[7]**オンテキ**が、[ケ]囊中の[8]**ネズミ**のごとく、目前に置かれてあるのを[コ]欣んだ。たとい、その下に使わるる石工が、幾人居ようとも、斬り殺すに何の造作もあるべきと、勇み立った。

「其方《そち》に少し頼みがある。了海どのに、御意得たいため、遥々と尋ねて参った者じゃと、伝えてくれ。」と、云った。石工が、[9]**ドウクツ**の中へはいった後で、実之助は一刀の目くぎを湿した。彼は、心の裡で、生来初めて廻り逢う敵の[10]**ヨウボウ**を想像した。

（菊池寛「恩讐《おんしゅう》の彼方に」より）

読み

ア	イ	ウ	エ	オ	カ	キ	ク	ケ	コ
どうこ	ほうゆう	まれ	く	くわ	りょうそう	いちご	くま	のうちゅう	よろこ

問 文章中の傍線（1～10）の**カタカナ**を**漢字**に直し、波線（ア～コ）の**漢字**の**読み**を**ひらがな**で記せ。

A 一行は病み衰えたサビエルを見て切に乗馬をすすめたが、サビエルは肯じないので、一同も馬から下りて、聖師の後から馬の[1]**クツワ**を引っぱって戻ってきた。サビエルが領主大友義鎮《よししげ》に謁見の日が輪をかけた騒ぎであった。砲声殷《いん》々と轟く中に、船長ガマを指揮官として、先頭に聖母の像を[2]**ササ**げ、ポルトガル商人水夫総勢[3]**ソロ**って金銀の鎖で飾った色とりどりの礼服をきて行列をねり、左右二列の楽隊を配し、[4]**キンシュウ**の国旗をひるがえして府内城下に乗り込んだ。進物として異国の珍器を数々贈ったから、大友義鎮はじめ家臣一同絶大の敬意を払ってサビエルを迎え、基督《キリスト》教は一時に上下に[5]**シンジュン**した。ここに於いてサビエルは、日本人は威儀の旺んなる者を敬い、又進物を愛することを痛感し、今後の布教にこの気質を利用すべしと悟り、[ア]爾来続々来朝の伴天連《バテレン》はこれを日本布教法の原則のように採用した。

（坂口安吾「イノチガケ」より）

B 科学は容易に衰微しそうにも見えぬ。人類は孜孜として物質的享楽の実用的設備を遣っている。然し科学の[6]**ハケン**はもはや子午線を経過したのではなかろうか。[7]**ケイジジョウ**学を要求する声には自然主義の衰微が萌して居るのではなかろうか。科学万能論が唯物

標準解答
書き取り

1	2	3	4	5	6	7	8	9	10
轡	捧	揃	錦繍	浸潤	覇権	形而上	厭世	跳梁	唾棄

論となり、唯物論が感覚論快楽論となり、快楽論が[8]**エンセイ**論になる径路は近世思想の最も著しく証明したところである。唯物論の文学たる自然主義が其の底に一種の哀調を帯びて居るのは当然の事である。但し同じ事実が思想の激流をして長く茲《ここ》に留まるべからざる事を暗示して居るのも亦当然の事だろう。吾等の精神生活は竟《つい》に唯物論の[9]**チョウリョウ**に任すに堪え切れなくなって、遂に之を[10]**ダキ**するの日が来るだろう。

（魚住折蘆「真を求めたる結果」より）

C

既に時世の小康を得たるに心を安んじ、全力を挙げて模欧の政策をこれ事としたる政府は、今や社会の活機[イ]徐に[ウ]萌動して四方より貴族主義を攻撃する声の起これるを見て、また戚色あり。二十年五月九日、先に新華族叙爵の時に当たって、曽て其の撰に[エ]与らざりし板垣、後藤、大隈、勝等に対して、新たに伯爵を授け、華族に列するの恩命あり。

板垣退いて神戸に返る。恰も後藤の[オ]馳する所の使者、叙爵の宣命を伝達するに会う。[カ]乃ち深く聖恩[キ]優渥遠く草莽《そうもう》の臣に及ぶを感激せざるに非ずと雖《いえど》も、其の爵を受くるは平生の主義に反くを以て、良心之を屑しとせず。遂に栄典を固辞するの已《や》むべからざるを信じ、将に闕下《けっか》に[ク]趨って陳奏する所あらんとす。阪神に集合せる諸国の同志は皆受爵の不可を鳴らし、[ケ]交板垣の決意を壮とす。熊本の人徳富猪一郎の如きは、其の徒人見某に托するに受爵を[コ]諫止する書を以てし、之を大阪に遣わせり。

（板垣退助監修「自由党史」より）

読み

ア	イ	ウ	エ	オ	カ	キ	ク	ケ	コ
じらい	おもむろ	ほうどう ぼうどう	あずか	は	すなわ	ゆうあく	はし	こもごも	かんし

問 文章中の傍線（1〜10）の**カタカナ**を**漢字**に直し、波線（ア〜コ）の**漢字の読み**を**ひらがな**で記せ。

A ただ さっき多々良君が吾輩《わがはい》を目して休養以外になんらの能もない贅物《ぜいぶつ》のごとくに罵ったのは少々気掛かりである。とかく物象にのみ使役せらるる俗人は、五感の刺激以外になんらの活動もないので、他を評価するのでも[1]**ケイガイ**以外に[ア]渉らんのは厄介である。なんでも尻でも端折《はしょ》って、汗でも出さないと働いていないように考えている。達磨《だるま》という坊さんは足の腐るまで座禅をして澄ましていたというが、たとい壁の[2]**スキ**から[3]**ツタ**が[4]**ハ**い込んで大師の目口を[イ]塞ぐまで動かないにしろ、寐《ね》ているんでも死んでいるんでもない。ただ外見上は至極沈静端粛の態であるから、天下の凡眼はこれらの知識巨匠をもって[5]**コンスイ**仮死の庸人と見做《みな》して無用の長物とか穀潰しとかいらざる誹謗《ひぼう》の声を立てるのである。主人や細君や[6]**ナイシ**(注)、御《お》さん、三平連れが吾輩を吾輩相当に評価してくれんのは残念ながら致し方がないとして、不明の結果皮を剥いで三味線屋に売り飛ばし、肉を刻んで多々良君の膳に上すような無分別をやられては由々しき大事である。

（夏目漱石「吾輩は猫である」より）

（注）**ナイシ**…あるいは、の意。

標準解答
書き取り

1	2	3	4	5	6	7	8	9	10
形骸	隙	蔦	這	昏睡	乃至	砧	晩餐	莞爾	権柄

読み
書き取り
対義語・類義語
四字熟語
故事・成語・諺
文章

B 明くれば早暁、老鶯[ウ]の声を尋ねて鬱叢たる藪林に分け入り、旧日の「我」に帰りて夢幻境中の詩人となり、神気甚だ爽快なり。午になれど老人未だ帰らず、我は人を待つ身のつらさを好まねば、網代《あじろ》と呼べる仙境に蹈《ふ》み入れり。一条の山径草深くして、昨夕《ゆうべ》の露なお葉の上にのこり、褰《かか》ぐる裳[エ]も湿《ぬ》れがちに、峡々を越えて行けば、昔遊びの跡歴々として尋ぬべし。やがて**キヌタ**[7]の音と欺かれて、とある一軒《ひとむね》の後ろに出ずれば、仙界の老田爺[オ]が棒打ちとか呼べることをなすにてありけり。これより渓澗に沿い山一つ登れば、昔遊びし浴亭、森粛たる叢竹の間にあらわれぬ。肱を曲げて一睡を貪[カ]ると思う間に、夕陽已《すで》に西山に傾きたれば、晩蟬の声に別れてこの桃源を出で、我が幻境にかえりけり。楼上には我を待つ畸人《きじん》あり、楼下には**バンサン**[8]の用意にいそがしき老母あり。階を登れば老侠客**カンジ**[9]として我を迎え、相見て未だ一語を交わさざるに、満堂一種の清気盈[キ]てり。

（北村透谷「三日幻境」より）

C 英吉利《イギリス》、荷蘭《オランダ》等の国は、其の政府能く政理を知り、人民開化の進むに循[ク]いて常に其の政事法律を改革し、終始人民に従いて其の改革を施す。而して仏蘭西《フランス》の如きは、政府たる者動[ケ]もすれば非常の**ケンペイ**[10]を握り、独り其の政を専らにし、仍《よ》って国内に屢擾乱を起こし、為に復[コ]其の安寧を失い静謐《せいひつ》を害なうこと多し。

（植木枝盛「明治第二の改革を希望するの論」より）

読み

ア	イ	ウ	エ	オ	カ	キ	ク	ケ	コ
わた	ふさ	ろうおう	もすそ も	でんや	むさぼ	み	したが	やや	また

問 文章中の傍線（1～10）の**カタカナ**を**漢字**に直し、波線（ア～コ）の**漢字**の**読み**を**ひらがな**で記せ。

A 『伝心法要』は黄檗断際《おうばくだんさい》禅師の語録であって裴休《はいきゅう》の編纂になるもの、『臨済録』は黄檗の弟子臨済慧照《りんざいえしょう》禅師の語録であることは改めて説くまでもない。この二書を主にできるかぎり禅の精髄を[ア]摑もうと試み、一度精読した後さらに数回にわたって通読し、いささか発明するところがあったように思う。『伝心法要』と『臨済録』とは、[1]**シシ**相承の関係からでもあろうが、その説くところ根本においてほとんど変わりはない。ただ後者は前者を[イ]補綴し、端的を前景に拉《らっ》し来って、[2]**ロンポウ**鋭く道流を説破するところに一段の精彩を見る。

（黒田亮「勘の研究」より）

B 平時は処女の如くあれ。変時には[3]**ダット**の如くせよ。坐る時は大[4]**バンジャク**の如くなるべし。小智を用うる勿れ。権謀を逞《たくま》しゅうする勿れ。二点の間の最[5]**ショウケイ**は直線と知れ。権謀を用いざるべからざる場合には、己より馬鹿なる者に施せ。利慾に迷う者に施せ。情に脆き者に施せ。御[6]**キトウ**でも呪詛《じゅそ》でも山の動いた例はなし。一人前の人間が[7]**キツネ**に胡魔化さるる事も、理学書に見えず。

（夏目漱石「愚見数則」より）

標準解答 書き取り

1	2	3	4	5	6	7	8	9	10
師資	論鋒	脱兎	盤石・磐石	捷径	祈禱	狐	害心	窮鳥	禽獣

C

羽柴秀吉、荒木村重と友とし善し。織田信長讒《ざん》を信じて、村重を殺さんとす。村重怖れて遂に叛く。秀吉其の讒に由るを以て、信長に請い、往きて村重に説き、其の叛を止む。辞意懇到なり。村重納[ウ]るること能わず。其の臣河原林越後、秀吉を殺して、以て信長の力を殺がんと請う。村重曰《いわ》く、汝が言吾が利を計るなり。然れども秀吉の我に於ける、断金の交を結ぶこと久し。今我が家の将[エ]に亡びんとするを憫《あわ》れみ、又我が[8]ガイシン無きことを知る。是を以て来たり諫むるなり。それ[9]キュウチョウ懐に入る、之を殺すに忍びず。而るを況[オ]んや朋友の信義を以て来たる者をや。若し之を撃たば、これ[10]キンジュウに劣るなり。遂に秀吉に酒を飲ましめ、色を和らげて款語[カ]すること之に久し。秀吉の去るに及びて、手を携えて之を庁外に送り、相与《とも》に別れを惜しめり。

（元田《もとだ》永孚《ながざね》「幼学綱要」より）

D

頃年[キ]諸方に演説会の開設あり。吾が輩の如きも数月に一出し、或いは一月にして数出するに至る。都門に坐して天下の形勢を論ずるも必ず実際の民情に背馳[ク]し、其の要領を得る能わざる者あらんを恐るればなり。車夫の談ずる所を聴きて下等社会の意見を察し、老圃[ケ]に就いて桑麻を問い、郡吏、議員、教師と懇談して地方の政治如何を解す可し。足跡未だ天下に普[コ]からずと雖《いえど》も、其の一隅を挙げて其の三隅を推す亦難からず。

（末広重恭「民情の如何を知れ」より）

読み

コ	ケ	ク	キ	カ	オ	エ	ウ	イ	ア
あまね	ろうほ	はいち	けいねん きょうねん	かんご	いわ	まさ	い	ほてい ほてつ	つか

問　文章中の傍線（1～10）の**カタカナ**を**漢字**に直し、波線（ア～コ）の**漢字**の**読み**を**ひらがな**で記せ。

A　此の景色よく眺めよき山に、多く植えたる桜の木々の花さく比[ア]、二日かけて招魂祭ぞ行わるる。豊津の原の千余人。殊に壮丁[イ]娘子はあらん限りの数を尽くして、**チョウチン**[1]、幟《のぼり》、吹抜《ふきぬき》の叢[ウ]立てる此の峰さして集うなり。常は石段ふむ**ゲタ**[2]の音の谺《こだま》に響く程なるを、此の祭りの時ばかりは、満山人を盛りて堆く、豊津の綺羅《きら》を此の時に萃《あつ》むる也。

祭りの外に、参籠[エ]と称[オ]えて、彼方《かなた》の原、此方《こなた》の谷の五軒十軒十五軒、女子供の組をなして、おのおの組重たずさえて、此の社の拝殿に、一日一夜を遊ぶことあり。

七月の廿六夜、お月様の三つ出ると云う夜、此の拝殿も又人の山なり。八月十五夜は云わでもの事。総て酒あり肴あり。

汎《あまね》く例えて之を謂わば、磐根社は我が豊津の倶楽部《クラブ》なるべく、豊津の人は悉[カ]く磐根社倶楽部の部員なるべし。

懐かしき磐根社よ。母と叔母とに我が連れられて、叔母が持てる五色の綴[キ]れ嚢に、我が家の柿をちぎりて入れて、それを携《さ》げて**モウ**[3]でし事の忘られぬ。（堺枯川「望郷台」より）

B　幸か、不幸か、悠々泰平の夢裡に、**トウタ**[4]の鉄槌[ク]を免れた女性は、もはや、到底、

標準解答
書き取り

1	2	3	4	5	6	7	8	9	10
提灯	下駄	詣	淘汰	角逐	庇護	才媛	峻厳	半可通	儘

生存競争場裡に、[5]**カクチク**するだけの能力はなく、ただ一途に、男性の[6]**ヒゴ**を請うのやむなきに至って、男の要求するがままに、ハイヘイと命これ従う子羊となり下がって、かつては選者の権を振るった女も、[ケ]些かの抵抗なしに、一夫多妻の悲境にも、沈淪《ちんりん》せなければならぬ者もできてきた。しかしながら、結果を見て、直ちにそは本来なりというは、誤りである。近い例が我が国平安朝時代には、幾多の[7]**サイエン**佳人が、空前の絢爛《けんらん》、花の如き平安文学を織りなしたのではないか。紫女、清女、共に時世の要求に投じたものであった。

（上野葉「進化上より見たる男女」より）

C 人間性は男女の性別に由って差異を生ずる性質のものでないのですから、もしこれを失う者があれば「人間らしくない」として、男女にかかわらず批難して宜しい。しかるに従来は男子に対してそれが寛仮され、女子に対してのみ「女らしくない」という言葉を以て[8]**シュンゲン**に批難されて来たのは[コ]偏頗極まることだと思います。無情、冷酷、生意気、[9]**ハンカツウ**、不作法、粗野、軽佻《けいちょう》等の欠点は、男子においても許しがたい欠点であることを思わねばなりません。これを女にばかり責めるのは、性的玩弄物として、炊事器械として、都合の好いように、女子を柔順無気力な位地に退化せしめて置く男子の我が[10]**ママ**からであるといわれても仕方がないでしょう。

（与謝野晶子「〝女らしさ〟とは何か」より）

読み

ア	イ	ウ	エ	オ	カ	キ	ク	ケ	コ
こころ	じょうし	むらだ	さんろう	とな	ことごと	つづ	てっつい	いささ	へんぱ へんば

問 文章中の傍線（1〜10）の**カタカナ**を**漢字**に直し、波線（ア〜コ）の**漢字**の**読み**を**ひらがな**で記せ。

A 累世の婦人が自ら結婚契約の権利を忘れ、仮初めにも夫の意にさからうは不順なり、その醜行を咎《とが》むるは嫉妬なりと信じて、一切万事これを黙々に附し去るのみか、当の敵たる加害者の悪事を[ア]庇蔭して、却って自ら婦人の美徳と認むるが如き、文明の世に権利の何物たるを[イ]弁えざるものと言う可し。夫妻同居、夫が妻を扶養するは当然の義務なるに、その妻たる者が僅かに美衣美食の[1]**マカナ**いを給せられて、自身に大切なる本来の権利を放棄せんとす、愚に非ずして何ぞや。故に夫婦苦楽を共にするの一事は[ウ]努々等閑《なおざり》にす可からず。

（福沢諭吉「女大学評論」より）

B 楊家の娘[エ]君寵をうけてと長恨歌を引き出すまでもなく、あけくれの[2]**ウワサ**にも御出世というは女に限りて、男は[3]**チリ**塚さがす黒[4]**ブチ**の尾の、ありて用なき物とも見ゆべし。この[5]**カイワイ**に若い衆と呼ばるる町並の息子、生意気ざかりの十七八より五人組、七人組、腰に尺八の[オ]伊達はなけれど、何とやら厳しき名の親分が手下《てか》につきて、そろいの手ぬぐい長提灯、賽《さい》ころ振る事おぼえぬうちは素見《ひやかし》の格子先に思い切っての串戯《じょうだん》も言いがたしとや。

（樋口一葉「たけくらべ」より）

標準解答
書き取り

1	2	3	4	5	6	7	8	9	10
賄	噂	塵	斑・駁	界隈	鸚鵡	濡	櫛	脆	金鍔

読み
書き取り
対義語・類義語
四字熟語
故事・成語・諺
文章

C

「左様なら」

古藤は[6]**オウム**返しに[カ]没義道にこれだけ云って、ふいと手欄《てすり》を離れて、麦稈《むぎわら》帽子を眼深《まぶか》に被りながら、乳母に附き添った。

葉子は階子《はしご》の上り口まで行って二人に傘をかざしてやって、一段一段遠ざかって行く二人の姿を見送った。東京で別れを告げた愛子や貞世の姿が、雨に[7]**ヌ**れた傘の辺りを幻影となって見えたり隠れたりしたように思った。愛子と貞世とは是非見送りがしたいと云うのを、葉子は叱りつけるように云ってとめてしまった。葉子が人力車で家を出ようとすると、何の気なしに愛子が前髪から抜いて鬢《びん》を掻こうとした[8]**クシ**が、[9]**モロ**くもぽきりと折れた。それを見ると愛子は堪え堪えていた涙の[キ]堰を切って声を立てて泣き出した。

（有島武郎「或る女」より）

D

尾州から父に伴われて父の任地島根に行き、殆ど幼時の大部分を島根に暮らした。その頃の父の同僚であって[ク]叔姪同様に親しくした鈴木老人その他の話に由ると、[ケ]頗る持て余しの茶目であったそうだ。軍人志願で、陸軍大将を終生の希望とし、乱暴して放屁《ほうひ》するを豪いように思っていたと、二葉亭自身の口から聞いた。こんな塩梅に児供の時分から少し変わっていたので、二葉亭を可愛がっていた祖母《おばあ》さんは「この子は[10]**キンツバ**指すか[コ]薦被《き》るかだ、」と能く人に語ったそうだ。

（内田魯庵「思い出す人々」より）

読み

ア	イ	ウ	エ	オ	カ	キ	ク	ケ	コ
ひいん	わきま	ゆめゆめ	くんちょう	だて	もぎどう	せき	しゅくてつ	すこぶ	こも

問 文章中の傍線（1〜10）の**カタカナ**を**漢字**に直し、波線（ア〜コ）の**漢字**の**読み**を**ひらがな**で記せ。

A 聞いて、メロスは激怒した。「[1]**アキ**れた王だ。生かして置けぬ。」

メロスは、単純な男であった。買い物を、背負ったままで、のそのそ王城にはいって行った。たちまち彼は、巡邏《じゅんら》の警吏に捕縛された。調べられて、メロスの[2]**カイチュウ**からは短剣が出て来たので、騒ぎが大きくなってしまった。メロスは、王の前に引き出された。

「この短刀で何をするつもりであったか。言え！」暴君ディオニスは静かに、けれども威厳を以て問いつめた。その王の顔は[3]**ソウハク**で、[4]**ミケン**の皺《しわ》は、刻み込まれたように深かった。

「市を暴君の手から救うのだ。」とメロスは悪びれずに答えた。

「おまえがか？」王は、憫笑《びんしょう》した。「仕方の無いやつじゃ。おまえなどには、わしの孤独の心がわからぬ。」

「言うな！」とメロスは、いきり立って[ア]反駁した。「人の心を疑うのは、最も恥ずべき悪徳だ。」

「疑うのが、正当の心構えなのだと、わしに教えてくれたのは、おまえたちだ。人の心は、あてにならない。」暴君は落ち着いて呟《つぶや》き、ほっと[5]**タ**め息をついた。「わしだって、平和を

標準解答
書き取り

1	2	3	4	5	6	7	8	9	10
呆	懐中	蒼白	眉間	溜	嘲笑	下賤	乞	爪牙	釜中

望んでいるのだが。」

「なんの為の平和だ。自分の地位を守る為か。」こんどはメロスが[6]**チョウショウ**した。

「だまれ、[7]**ゲセン**の者。」王は、さっと顔を挙げて報いた。「口では、どんな清らかな事でも言える。おまえだって、いまに、磔《はりつけ》になってから、泣いて詫びたって聞かぬぞ。」

「ああ、王は利巧だ。[イ]自惚れているがよい。私は、ちゃんと死ぬ覚悟で居るのに。命[8]**ゴ**いなど決してしない。」

（太宰治「走れメロス」より）

B 政府は、更に警察を厳にし、憲兵を増し、大いに徴兵令を密にして、[ウ]頻りに兵備を盛んにし、且つ其の兵備を盛んにするは、口を外患を[エ]禦ぐに藉《か》りて自ら欺き、人を欺き、其の実只一に己の藩閥有司専制を保持し、永く其の地位を[オ]衛るの一主点に用うる[カ]耳。何ぞ暴慢邪悪の[キ]太だ極まれるや。然れども政府にして兵備を盛んにすること此くの如くなれば、則ち[ク]随って租税を[ケ]斯民に増さざること能わず。是に於いてか兵を盛んにして而して租税を増し、租税を増して而して兵を盛んにし、且つ其の兵を訓誡《くんかい》して頗る専制政府の[9]**ソウガ**とし、遂に国家の人民を攫取《かくしゅ》して諸《こ》れを兵団[コ]周匝の裡に投じて益《ます》々其の軍団を厚うして止まず。真に斯民を[10]**フチュウ**の魚となし、而して之が恣睢《しい》を遂げ暴横至らざることなし。

（田岡嶺雲「明治叛臣伝」より）

読み

ア	イ	ウ	エ	オ	カ	キ	ク	ケ	コ
はんばく	うぬぼ	しき	ふせ	まも	のみ	はなは	したが	しみん	しゅうそう

問 文章中の傍線（1〜10）の**カタカナ**を**漢字**に直し、波線（ア〜コ）の**漢字**の**読み**を**ひらがな**で記せ。

A いとも貧しき一美術家ありき。常に物置の二階にありて**シシ**[1]として其の業を励みぬ。貧しき彼は大理石の一塊をだに購[ア]う事**アタ**[2]わざりき。既にして彼は歩を移して破れたる窓を開けり。時は**アタカ**[3]も秋。万点の星斗燦[イ]として九皐[ウ]に花を散らし、寥《りょう》々たる鋼色の夜天は厳かに大地を圧して、何かは知らぬ大いなる秘密の前に、いい知らず心の躍るもけだかし。

（石川啄木「一握の砂」(注)より）

（注）「盛岡中学校校友会雑誌」（明40）掲載の随想。

B それ哲学の独逸《ドイツ》に盛んなるは天下の皆公認する所、独逸を以て哲学の淵藪[エ]と称するの一事を見てもこれを徴するに足れり。独逸は嘗[オ]て仏《フランス》の学芸を奨励し、皇帝自ら仏の学士を招聘《しょうへい》してこれと**フイ**[4]の交わりを結ぶに至れり。聞くが如くんば、本邦人士は概ね仏の学風の詭激《きげき》なるを厭悪し、かの盛んに独逸学を奨励する者に至ってはこれを厭悪すること特に甚だしきに似たり。独逸学を奨励せば、**アラカジ**[5]め仏の学風の侵入を期せざる可からず。然らずんば吾、恐らくは堂々たる人類を以て却って鶏母鴨子[カ]を育するの驚きに倣うことあらんを。

（尾崎行雄「独逸学及び支那学」より）

標準解答

書き取り

1	2	3	4	5	6	7	8	9	10
孜孜 孜々	能	恰・宛	布衣	予	嫉妬 疾	煩悶	誤謬	不倶戴天	喧伝

C

余は今露西亜《ロシヤ》に於ける同志に代わりて之を諸君に書き送らんとするに際し、幾度も筆を投じて黙想に沈みしことを、幸いに[キ]諒察せよ。

今や日本の政府と露西亜の政府とは戦場に向かって急ぎつつあり。露西亜国民の或る者は日本を以て一個の狡狼《こうろう》と見做《みな》しつつあり。思うに日本国民の多数もまた露西亜を以て暴熊視しつつあらん。諸君、アア、我等は何等の多幸多福ぞや。彼等の[6]**シット**、憎悪、[ク]奪掠、殺傷の不義非道に[7]**ハンモン**苦悩するを観て、愈《いよ》々現在立国の基本社会組織の根底に疑うべからざるの[8]**ゴビュウ**あることを正確に証明せり。

欧米列国は日本に党《くみ》せん、されど独逸《ドイツ》は露西亜の友邦なるべしとは、殆ど世界の各所に於いて信ぜらるる所なり。彼等は[ケ]軽忽にも独逸皇帝を指して独逸と云うものの如し。気の毒なる哉独逸皇帝よ、汝は今夏の総選挙に於いて全力を挙げて戦闘せり。曰《いわ》く社会党は祖国に取って[9]**フグタイテン**の仇敵なり、一挙にして之を全滅せざるべからずと。多謝す、アア独逸皇帝よ、汝の努力に依って我が独逸の社会党は、八十余名の大多数を議会に送ることを得たりしなり。

世の露西亜を言うもの、また一に露西亜の皇帝を見、宮室を見、貴族を見、軍隊を見て足れりとなす。如何に自由独立の健全雄偉の思想と信仰とが、既に社会の裏面に普及しつつあるかは時々[10]**ケンデン**せらるる学生、農民、労働者の[コ]騒擾に依りて、乞う其の一端を観取せられよ。

（木下尚江「火の柱」より）

読み

ア	イ	ウ	エ	オ	カ	キ	ク	ケ	コ
あがな	さん	きゅうこう	えんそう	かつ	おうし	りょうさつ	だつりゃく	けいこつ	そうじょう

問 文章中の傍線（1〜10）の**カタカナ**を**漢字**に直し、波線（ア〜コ）の**漢字**の**読み**を**ひらがな**で記せ。

A 人誰か人の性なからん、人もし真正に自己が人として、天の下地の上日月照らし神鬼鑑[ア]みるところに孑然《けつぜん》として独り立てるを自覚せば、愴然《そうぜん》として懺悔《ざんげ》の暗涙に咽[イ]ばざる者幾干《いくばく》かあらんや。邈《はる》かに[1]**ケンコン**の終始するところを想い、諦《あき》らかに人間の生滅するところを観ずれば、[2]**チョウジョク**栄枯の相、利名食色の慾、一切の[3]**ガシュウ**は皆火上の塵、日下の霜と消え去って、唯人間の[4]**ツタナ**き所作の連鎖の醜くも愛[ウ]でたからぬさまして、燃灯古仏の初めより弥勒《みろく》出世の暁にまで張り渡されたるが中の一環子として自己の存せるを認めんのみ。

（幸田露伴「一国の首都」より）

B 唱歌音楽は人心を和らげ風化を賛[エ]け、その教育上に裨益《ひえき》ある少なからざるを以て、凡そ国として音楽の設けあらざるはなし。唱歌音楽の教化に功あるかくの如きを以て、明治五年政府の学制を布[オ]くに当たり、教科中特に唱歌の目を掲げ、教育上[5]**ヒッス**の要具たることを示さる。惟んみるに、本邦音楽の制なきにあらざるなり。中古唐楽を伝えしより爾来雑楽種々叢起[カ]し、数年の久しき遂に音楽に[6]**ガゾク**の別を生ず。

（「東京府 唱歌導入の方針」より）

標準解答
書き取り

1	2	3	4	5	6	7	8	9	10
乾坤	寵辱	我執	拙	必須	雅俗	殆・幾	雑駁	頗	琢磨

C　文明論とは人の精神発達の議論なり。其の趣意は一人の精神発達を論ずるに非ず、天下衆人の精神発達を一体に集めて、其の一体の発達を論ずるものなり。故に文明論、或いは之を衆心発達論と云うも可なり。蓋[キ]し人の世に処するには局処の利害得失に掩[ク]われて其の所見を誤るもの甚だ多し。習慣の久しきに至っては[7]**ホトン**ど天然と人為とを区別す可からず。其の天然と思いしもの、果たして習慣なることあり。或いは其の習慣と認めしもの、却[ケ]って天然なることなきに非ず。此の紛擾[8]**ザッパク**の際に就いて条理の紊《みだ》れざるものを求めんとすることとなれば、文明の議論亦難しと云う可し。今の西洋の文明は羅馬《ローマ》の滅後より今日に至るまで大凡《おおよそ》一千有余年の間に成長したるものにて、其の由来[9]**スコブ**る久しと云う可し。西洋諸国の学者が日新の説を唱えて、其の説随って出れば随って新たにして人の耳目を驚かすもの多しと雖《いえど》も、千有余年の沿革に由り先人の遺物を伝えて之を切磋《せっさ》[10]**タクマ**することとなれば、仮令其の説は新奇なるも、等しく同一の元素より発生するものにて新たに之を造るに非ず。之を我が国今日の有り様に比して豈《あに》同日の論ならんや。今の我が文明は所謂火より水に変じ、無より有に移らんとするものにて、卒突の変化、啻《ただ》に之を改進と云う可からず、或いは始造と称するも亦不可なきが如し。其の議論の極めて困難なるも謂[コ]れなきに非ざるなり。

（福沢諭吉「文明論之概略」より）

読み

ア	イ	ウ	エ	オ	カ	キ	ク	ケ	コ
かんが	むせ	め	たす	し	そうき	けだ	おお	かえ	いわ

常用漢字の
表内外音訓表

一、漢字の字種（第一段）

内閣告示「常用漢字表」（平成22年）による。

※「漢検」の解答に用いても正解とする字体があるものは、〔　〕に入れて併せ示した。
また、このほかにも、デザインなどの差異があっても正解とする場合がある。デザイン差については、内閣告示「常用漢字表『(付)字体についての解説』」（平成22年）を参照。

二、旧字体（第二段）

「旧字体一覧表」（本書272頁）に掲載しているものを掲げた。

※「旧字体一覧表」において、部首「礻・襾・辶・飠」でまとめて掲載し、個々の漢字としては取り上げていないものについては、ここでも掲載しない。

三、読み

①音　読　み（第三段）「常用漢字表」に示された音読み。

②訓　読　み（第四段）「常用漢字表」に示された訓読み。

③表外読み（第五段）「常用漢字表」に示されたもの以外の音・訓。

※表外の訓読みについては、字義も含む。

※表外の訓読みについて、自動詞・他動詞がある場合、その一方を省略したものがある。

※表外読みのうち、▲をつけたものは1級用の音・訓とする。

漢字	旧字体	音読み	訓読み	表外読み
亜	亞	ア		つ(ぐ)
哀		アイ	あわ(れ) あわ(れむ)	かな(しい) かな(しむ)
挨		アイ		お(す) ひら(く)
愛		アイ		いと(しい) かな(しい) お(しむ) め(でる) まな ▲う(い)
曖		アイ		▲くら(い) ▲おお(う) ▲かげ(る)
悪	惡	アク オ	わる(い)	にく(む) あ(し) いずく(んぞ)
握		アク	にぎ(る)	
圧	壓	アツ		オウ お(さえる) お(す) ▲へ(す)

漢字	旧字体	音読み	訓読み	表外読み
扱	扱		あつか(う)	キュウ ソウ こ(く) しご(く)
宛			あ(てる)	エン あたか(も) さなが(ら) あて ずつ
嵐			あらし	ラン もや
安		アン	やす(い)	やす(んじる) いずく(んぞ)
案		アン		つくえ かんが(える)
暗		アン	くら(い)	やみ そら(んじる)
以		イ		もち(いる) もっ(て)
衣		イ	ころも	エ きぬ き(る)

漢字	旧字体	音読み	訓読み	表外読み
位		イ	くらい	
囲	圍	イ	かこ(む) かこ(う)	
医	醫	イ		▲い(やす) くすし
依		イ エ		よ(る)
委		イ	ゆだ(ねる)	まか(せる) くわ(しい) お(く) す(てる)
威		イ		おど(す)
為	爲	イ		ため な(す) な(る) す(る) つく(る)
畏		イ	おそ(れる)	かしこ(い) かしこ(まる)

漢字	旧字体	音読み	訓読み	表外読み
胃		イ		
尉		イ		じょう
異	異	イ	こと	あや(しい)
移		イ	うつ(る) うつ(す)	
萎		イ	な(える)	しぼ(む) しお(れる) しな(びる) つか(れる)
偉	偉	イ	えら(い)	すぐ(れる)
椅		イ		こしかけ
彙		イ		▲はりねずみ ▲あつ(める) ▲たぐい

漢字	旧字体	音読み	訓読み	表外読み
意		イ		こころ おも(う)
違	違	イ	ちが(う) ちが(える)	たが(う) たが(える) ▲さ(る) ▲よこしま ▲か(い)
維		イ		これ つな(ぐ)
慰		イ	なぐさ(める) なぐさ(む)	
遺		イ ユイ		のこ(す) のこ(る) わす(れる) す(てる)
緯	緯	イ		よこいと ぬき
域		イキ		さかい ところ
育		イク	そだ(つ) そだ(てる) はぐく(む)	

漢字	旧字体	音読み	訓読み	表外読み
一		イチ イツ	ひと ひと(つ)	はじ(め)
壱	壹	イチ		イツ ひと(つ)
逸	逸	イツ		イチ はし(る) うしな(う) そ(れる) そ(らす) ▲はぐ(れる) はや(る) すぐ(れる)
茨			いばら	シ くさぶき
芋			いも	ウ
引		イン	ひ(く) ひ(ける)	
印		イン	しるし	しる(す)
因		イン	よ(る)	ちな(む) ちなみ ▲よすが

漢字	咽	姻	員	院	〔淫〕淫	陰	飲
旧字体							
音読み	イン	イン	イン	イン	イン	イン	イン
訓読み					みだ(ら)	かげ かげ(る)	の(む)
表外読み	エツ エン のど むせ(ぶ) の(む)	とつ(ぐ)	かず	かき かこい	ふけ(る) あふ(れる) ほしいまま みだら みだ(す) おお(きい) ながあめ	オン アン くら(い) ひそ(か)	オン

漢字	隠	韻	右	宇	羽	雨	唄	鬱	畝
旧字体	隱				羽				
音読み	イン	イン	ウ ユウ	ウ	ウ	ウ		ウツ	
訓読み	かく(す) かく(れる)		みぎ		は はね	あめ あま	うた		うね
表外読み	オン	ひびき おもむき	たす(ける)	のき いえ			バイ	しげ(る) ふさ(ぐ) さか(ん) かお(り)	ホ ボウ せ

漢字	浦	運	雲	永	泳	英	映	栄	営
旧字体								榮	營
音読み		ウン	ウン	エイ	エイ	エイ	エイ	エイ	エイ
訓読み	うら	はこ(ぶ)	くも	なが(い)	およ(ぐ)		うつ(る) うつ(す) は(える)	さか(える) は(え) は(える)	いとな(む)
表外読み	ホ	めぐ(る) ▲さだめ	そら	ヨウ とこしえ		はなぶさ はな ひい(でる)	▲は(やす)	▲は(やす)	

漢字	旧字体	音読み	訓読み	表外読み
詠		エイ	よ(む)	うた(う) なが(める)
影		エイ	かげ	ヨウ すがた まぼろし
鋭	銳	エイ	するど(い)	はや(い)
衛	衞	エイ		エ まも(る)
易		エキ イ	やさ(しい)	か(える) か(わる) やす(い) あなど(る)
疫		エキ ヤク		
益	益	エキ ヤク		ま(す) ますます
液		エキ		しる わき
駅	驛	エキ		うまや

漢字	旧字体	音読み	訓読み	表外読み
悦	悅	エツ		よろこ(ぶ)
越		エツ	こ(す) こ(える)	オチ オツ こし
謁	謁	エツ		まみ(える)
閲		エツ		けみ(する) へ(る)
円	圓	エン	まる(い)	まど(か) つぶら(か) ▲まろ(やか)
延	延	エン	の(びる) の(べる) の(ばす)	ひ(く) の(べ) ▲は(え)
沿		エン	そ(う)	ふち
炎		エン	ほのお	も(える)
怨		エン オン		うら(む) うら(み)

漢字	旧字体	音読み	訓読み	表外読み
宴		エン		うたげ たの(しむ)
媛	媛	エン		ひめ
援	援	エン		ひ(く) たす(ける)
園		エン	その	オン にわ
煙	煙	エン	けむ(る) けむり けむ(い)	けぶ(る) ▲けむ
猿		エン	さる	ましら
遠		エン オン	とお(い)	おち
鉛		エン	なまり	おしろい
塩	鹽	エン	しお	アン

漢字	旧字体	音読み	訓読み	表外読み
演		エン		の(べる) おこな(う)
縁	緣	エン	ふち	へり よ(る) えにし ゆかり ▲よすが
艶	艷	エン	つや	なまめ(かしい) あで(やか) うらや(む)
汚		オ	けが(す) けが(れる) けが(らわしい) よご(す) よご(れる) きたな(い)	
王		オウ		きみ
凹		オウ		へこ(む) へこ(ます) くぼ(む)
央		オウ		なか(ば)

漢字	旧字体	音読み	訓読み	表外読み
応	應	オウ	こた(える)	まさ(に) …(べし)
往		オウ		ゆ(く) いにしえ
押		オウ	お(す) お(さえる)	
旺		オウ		さか(ん)
欧	歐	オウ		は(く)
殴	毆	オウ	なぐ(る)	う(つ) たた(く)
桜	櫻	オウ	さくら	
翁	翁	オウ		おきな
奥	奧	オウ	おく	くま

漢字	旧字体	音読み	訓読み	表外読み
横	橫	オウ	よこ	コウ よこ(たわる) あふ(れる)
岡			おか	コウ
屋		オク	や	いえ やね
億		オク		おしはか(る)
憶		オク		おも(う) おぼ(える)
臆		オク		おしはか(る) おく(する)
虞			おそれ	グ
乙		オツ		イツ おと きのと
俺			おれ	エン われ

漢字	旧字体	音読み	訓読み	表外読み
卸			おろ（す） おろし	シャ
音		オン イン	おと ね	たよ（り）
恩		オン		めぐ（み）
温	溫	オン	あたた（か） あたた（かい） あたた（まる） あたた（める）	ウン ぬく（い） ぬる（い） ぬく（める） ぬく（まる） たず（ねる） つつ（む）
穏	穩	オン	おだ（やか）	やす（らか）
下		カ ゲ	した しも もと さ（げる） さ（がる） くだ（る） くだ（す） くだ（さる） お（ろす） お（りる）	

漢字	旧字体	音読み	訓読み	表外読み
化		カ ケ	ば（ける） ば（かす）	か（わる） か（える）
火		カ	ひ ほ	▲コ
加		カ	くわ（える） くわ（わる）	
可		カ		コク よ（い） べ（し）
仮	假	カ ケ	かり	か（す）
何		カ	なに なん	いず（く） いず（れ）
花		カ	はな	ケ
佳		カ		よ（い）
価	價	カ	あたい	

漢字	旧字体	音読み	訓読み	表外読み
果		カ	は（たす） は（てる） は（て）	くだもの おお（せる） ▲はか
河		カ	かわ	
苛		カ		きび（しい） むご（い） さいな（む） いじ（める） わずら（わしい） いら（だつ） から（い）
科		カ		とが しな しぐさ
架		カ	か（ける） か（かる）	たな
夏		カ ゲ	なつ	
家		カ ケ	いえ や	うち
荷		カ	に	はす にな（う）

漢字	旧字体	音読み	訓読み	表外読み
華		カ ケ	はな	ゲ しろ(い)
菓		カ		くだもの
貨		カ		たから
渦		カ	うず	
過		カ	す(ぎる) す(ごす) あやま(つ) あやま(ち)	とが よぎ(る)
嫁		カ	よめ とつ(ぐ)	
暇		カ	ひま	いとま
禍		カ		わざわ(い) ▲まが
靴		カ	くつ	

漢字	旧字体	音読み	訓読み	表外読み
寡		カ		すく(ない) やもめ
歌		カ	うた うた(う)	
箇		カ		コ
稼		カ	かせ(ぐ)	みの(り) う(える)
課		カ		はか(る) こころ(みる) わりあ(てる)
蚊			か	ブン
牙〔牙〕		ガ ゲ	きば	は さいとり
瓦		ガ	かわら	かわらけ グラム

漢字	旧字体	音読み	訓読み	表外読み
我		ガ	われ わ	
画	畫	ガ カク		か(く) えが(く) かぎ(る) はか(る) え
芽	芽	ガ	め	めぐ(む)
賀		ガ		よろこ(ぶ)
雅	雅	ガ		みやび みやび(やか) つね
餓		ガ		う(える)
介		カイ		すけ たす(ける)
回		カイ エ	まわ(る) まわ(す)	▲めぐ(らす)
灰	灰	カイ	はい	

漢字	旧字体	音読み	訓読み	表外読み
会	會	カイ エ	あ(う)	あつ(まる) あつ(める)
快		カイ	こころよ(い)	ケ
戒		カイ	いまし(める)	
改		カイ	あらた(める) あらた(まる)	
怪		カイ	あや(しい) あや(しむ)	ケ
拐		カイ		かた(る) かどわか(す)
悔	悔	カイ	く(いる) く(やむ) くや(しい)	ケ
海	海	カイ	うみ	
界		カイ		さかい

漢字	旧字体	音読み	訓読み	表外読み
皆		カイ	みな	
械		カイ		かせ からくり
絵	繪	カイ エ		
開		カイ	ひら(く) ひら(ける) あ(く) あ(ける)	▲はだ(かる) ▲はだ(ける)
階		カイ		はしご きざはし しな
塊		カイ	かたまり	つちくれ
楷		カイ		▲のり ▲のっと(る)
解		カイ ゲ	と(く) と(かす) と(ける)	さと(る) わか(る) ほど(く) ほど(ける) ほぐ(れる) ▲ほつ(れる)

漢字	旧字体	音読み	訓読み	表外読み
潰		カイ	つぶ(す) つぶ(れる)	つい(える) みだ(れる) つぶ(し)
壊	壞	カイ	こわ(す) こわ(れる)	エ やぶ(る) やぶ(れる)
懐	懷	カイ	ふところ なつ(かしい) なつ(かしむ) なつ(く) なつ(ける)	いだ(く) おも(う)
諧		カイ		▲かな(う) ▲ととの(う) ▲やわ(らぐ) ▲たわむ(れ)
貝			かい	バイ
外		ガイ ゲ	そと ほか はず(す) はず(れる)	ウイ と
劾		ガイ		あば(く) しら(べる)
害	害	ガイ		カイ そこ(なう) わざわ(い)

漢字	崖	涯	街	慨	蓋	該	概	骸
旧字体				慨			槪	
音読み	ガイ	ガイ	ガイ カイ	ガイ	ガイ	ガイ	ガイ	ガイ
訓読み	がけ		まち		ふた			
表外読み	かどだ(つ)	みぎわ はて	ちまた	カイ なげ(く) いきどお(る)	コウ おお(う) おお(い) けだ(し) かさ	カイ そな(わる) そ(の) か(ねる)	カイ おおむ(ね)	カイ むくろ ほね

漢字	垣	柿	各	角	拡	革	格	核
旧字体					擴			
音読み			カク	カク	カク	カク	カク コウ	カク
訓読み	かき	かき	おのおの	かど つの		かわ		
表外読み	エン	シ		すみ くら(べる)	ひろ(がる) ひろ(げる)	あらた(める) あらた(まる)	キャク ゴウ う(つ) ただ(す) いた(る)	さね

漢字	殻	郭	覚	較	隔	閣	確	獲	嚇
旧字体	殼		覺					獲	
音読み	カク	カク	カク	カク	カク	カク	カク	カク	カク
訓読み	から		おぼ(える) さ(ます) さ(める)		へだ(てる) へだ(たる)		たし(か) たし(かめる)	え(る)	
表外読み		くるわ	さと(る) さと(り)	コウ くら(べる)	はな(れる)	たかどの たな	かた(い) しか(と) ▲しっか(り)		いか(る) おど(す) おど(かす)

漢字	旧字体	音読み	訓読み	表外読み
穫	穫	カク		か(る) とりい(れる)
学	學	ガク	まな(ぶ)	
岳	嶽	ガク	たけ	
楽	樂	ガク ラク	たの(しい) たの(しむ)	ギョウ ゴウ かな(でる) この(む)
額		ガク	ひたい	ぬか(ずく)
顎		ガク	あご	
掛			か(ける) か(かる) かかり	
潟			かた	セキ
括		カツ		くく(る) くび(る) くび(れる)

漢字	旧字体	音読み	訓読み	表外読み
活		カツ		い(きる) い(ける) い(かす)
喝	喝	カツ		しか(る) おど(す)
渇	渴	カツ	かわ(く)	むさぼ(る)
割	割	カツ	わ(る) わり わ(れる) さ(く)	▲は(やす)
〔葛〕葛		カツ	くず	かずら かたびら つづら
滑		カツ コツ	すべ(る) なめ(らか)	ぬめ(る)
褐	褐	カツ		ぬのこ
轄	轄	カツ		くさび とりし(まる)

漢字	旧字体	音読み	訓読み	表外読み
且			か(つ)	ショ まさ(に)…(す) しばら(く)
株			かぶ	シュ
釜			かま	フ
鎌	鎌		かま	レン
刈			か(る)	カイ ガイ
干		カン	ほ(す) ひ(る)	おか(す) もと(める) かか(わる) たて
刊		カン		けず(る) きざ(む)
甘		カン	あま(い) あま(える) あま(やかす)	うま(い)
汗		カン	あせ	

漢字	旧字体	音読み	訓読み	表外読み
缶	罐	カン		かま
完		カン		まっと(うする)
肝		カン	きも	
官		カン		つかさ おおやけ
冠		カン	かんむり	かむ(る)
巻	卷	カン	ま(く) まき	ケン
看		カン		み(る)
陥	陷	カン	おちい(る) おとしい(れる)	
乾		カン	かわ(く) かわ(かす)	ケン ほ(す) ▲ひ いぬい

漢字	旧字体	音読み	訓読み	表外読み
勘		カン		かんが(える)
患		カン	わずら(う)	▲ゲン うれ(える) うれ(い)
貫		カン	つらぬ(く)	ワン ひ(く) ▲ぬき ▲ぬ(く)
寒		カン	さむ(い)	いや(しい) まず(しい) さび(しい)
喚		カン		さけ(ぶ) わめ(く) よ(ぶ)
堪		カン	た(える)	タン こら(える) こた(える) ▲たま(る)
換		カン	か(える) か(わる)	
敢		カン		あ(えて)
棺		カン		ひつぎ

漢字	旧字体	音読み	訓読み	表外読み
款		カン		まこと たた(く) しる(す) よろこ(ぶ)
間		カン ケン	あいだ ま	しず(か) ひそ(かに) うかが(う) はざま あい
閑		カン		しず(か) ▲なら(う) ▲ひま
勧	勸	カン	すす(める)	ケン
寛	寬	カン		くつろ(ぐ) ひろ(い) ゆる(やか)
幹		カン	みき	わざ ▲から
感		カン		
漢	漢	カン		おとこ から

漢字	旧字体	音読み	訓読み	表外読み
慣		カン	な(れる) な(らす)	ならわし
管		カン	くだ	ふえ つかさど(る)
関	關	カン	せき かか(わる)	かんぬき からくり
歓	歡	カン		よろこ(ぶ)
監		カン		ケン かんがみ(る) み(る) しら(べる)
緩		カン	ゆる(い) ゆる(やか) ゆる(む) ゆる(める)	▲ぬる(い)
憾		カン		うら(む)
還		カン		ゲン かえ(す) かえ(る) ▲また
館		カン	やかた	たて たち

漢字	旧字体	音読み	訓読み	表外読み
環		カン		わ たまき めぐ(る)
簡		カン		ケン ふだ えら(ぶ) つづま(しい)
観	觀	カン		み(る)
韓		カン		から
艦		カン		いくさぶね
鑑		カン	かんが(みる)	かがみ
丸		ガン	まる まる(い) まる(める)	たま
含		ガン	ふく(む) ふく(める)	カン ゴン
岸		ガン	きし	かどだ(つ)

漢字	旧字体	音読み	訓読み	表外読み
岩		ガン	いわ	
玩		ガン		もてあそ(ぶ) あじ(わう)
眼		ガン ゲン	まなこ	め
頑		ガン		かたくな
顔	顏	ガン	かお	かんばせ
願		ガン	ねが(う)	
企		キ	くわだ(てる)	たくら(む)
伎		キ		ギ わざ たくみ
危		キ	あぶ(ない) あや(うい) あや(ぶむ)	ただ(す) たか(い) ▲あや(める)

漢字	旧字体	音読み	訓読み	表外読み
机		キ	つくえ	
気	氣	キ ケ		いき
岐		キ		ギ わか(れる) ▲ちまた
希		キ		ケ まれ こいねが(う)
忌		キ	い(む) い(まわしい)	
汽		キ		ゆげ
奇		キ		く(し) めずら(しい) あや(しい)
祈		キ	いの(る)	
季		キ		すえ

漢字	旧字体	音読み	訓読み	表外読み
紀		キ		おさ(める) のり しる(す)
軌		キ		わだち
既	旣	キ	すで(に)	
記		キ	しる(す)	
起		キ	お(きる) お(こる) お(こす)	た(つ)
飢		キ	う(える)	
鬼		キ	おに	
帰	歸	キ	かえ(る) かえ(す)	とつ(ぐ) おく(る)
基		キ	もと もとい	

漢字	旧字体	音読み	訓読み	表外読み
寄		キ	よ(る) よ(せる)	
規		キ		のり ただ(す)
亀	龜	キ	かめ	キュウ キン あかぎれ
喜		キ	よろこ(ぶ)	
幾		キ	いく	きざ(し) こいねが(う) ほとん(ど)
揮		キ		ふる(う)
期		キ ゴ		とき ちぎ(る) き(める)
棋		キ		ゴ
貴		キ	たっと(い) とうと(い) たっと(ぶ) とうと(ぶ)	たか(い)

漢字	旧字体	音読み	訓読み	表外読み
棄		キ		す(てる)
毀		キ		▲こぼ(つ) ▲やぶ(る) ▲やぶ(れる) ▲そし(る) ▲や(せる)
旗		キ	はた	
器	器	キ	うつわ	
畿		キ		みやこ
輝		キ	かがや(く)	て(る)
機		キ	はた	からくり おり きざ(し) ▲はずみ
騎		キ		の(る)

漢字	旧字体	音読み	訓読み	表外読み
技		ギ	わざ	
宜		ギ		よろ(しく) …(べし) よろ(しい) よ(い) ▲むべ
偽	僞	ギ	いつわ(る) にせ	
欺		ギ	あざむ(く)	キ
義		ギ		よ(い)
疑		ギ	うたが(う)	うたぐ(る)
儀		ギ		よ(い) のり
戯	戲	ギ	たわむ(れる)	ゲ ざ(れる) たわ(ける)

漢字	旧字体	音読み	訓読み	表外読み
擬		ギ		なぞら(える) ▲に(る) はか(る) まがい もどき
犠	犧	ギ		キ いけにえ
議		ギ		はか(る)
菊		キク		
吉		キチ キツ		よ(い)
喫	喫	キツ		く(う) の(む) す(う)
詰		キツ	つ(める) つ(まる) つ(む)	なじ(る)
却		キャク		しりぞ(く) しりぞ(ける) かえ(って)

漢字	旧字体	音読み	訓読み	表外読み
客		キャク カク		まろうど たび
脚		キャク キャ	あし	カク
逆		ギャク	さか さか(らう)	ゲキ むか(える) あらかじ(め)
虐		ギャク	しいた(げる)	むご(い)
九		キュウ ク	ここの ここの(つ)	あまた
久		キュウ ク	ひさ(しい)	
及	及	キュウ	およ(ぶ) およ(び) およ(ぼす)	
弓		キュウ	ゆみ	
丘		キュウ	おか	

漢字	旧字体	音読み	訓読み	表外読み
旧	舊	キュウ		もと ふる(い) ふ(る) ふる(びる)
休		キュウ	やす(む) やす(まる) やす(める)	さいわ(い) よ(い) いこ(う) や(める)
吸	吸	キュウ	す(う)	
朽		キュウ	く(ちる)	すた(れる)
臼		キュウ	うす	
求		キュウ	もと(める)	グ
究		キュウ	きわ(める)	ク きわ(まる)
泣		キュウ	な(く)	
急	急	キュウ	いそ(ぐ)	せ(く)

漢字	旧字体	音読み	訓読み	表外読み
級	級	キュウ		しな くび
糾		キュウ		ただ(す) あざな(う)
宮		キュウ グウ ク	みや	いえ
救		キュウ	すく(う)	グ ク たす(ける)
球		キュウ	たま	
給		キュウ		たま(う) たまわ(る)
嗅〔嗅〕		キュウ	か(ぐ)	
窮		キュウ	きわ(める) きわ(まる)	

漢字	旧字体	音読み	訓読み	表外読み
牛		ギュウ	うし	ゴ
去		キョ コ	さ(る)	▲ゆ(く) ▲のぞ(く)
巨	巨	キョ		コ おお(きい) おお(い)
居		キョ	い(る)	コ お(る) お(く)
拒	拒	キョ	こば(む)	ふせ(ぐ)
拠	據	キョ コ		よ(る) ▲よりどころ
挙	擧	キョ	あ(げる) あ(がる)	こぞ(る) こぞ(って)
虚	虛	キョ コ		むな(しい) うつ(ろ) うろ ▲うつ(ける)
許		キョ	ゆる(す)	コ ばか(り) もと

漢字	旧字体	音読み	訓読み	表外読み
距	距	キョ		けづめ ふせ(ぐ) へだ(てる)
魚		ギョ	うお さかな	
御		ギョ ゴ	おん	おさ(める) お み
漁		ギョ リョウ		すなど(る) あさ(る) いさ(り)
凶		キョウ		わる(い) わざわ(い) おそ(れる)
共		キョウ	とも	
叫		キョウ	さけ(ぶ)	
狂		キョウ	くる(う) くる(おしい)	ふ(れる)
京		キョウ ケイ		キン みやこ

漢字	旧字体	音読み	訓読み	表外読み
享		キョウ		う(ける) ▲あ(たる)
供		キョウ ク	そな(える) とも	
協		キョウ		かな(う)
況		キョウ		いわ(んや) ありさま
峡	峽	キョウ		はざま
挟	挾	キョウ	はさ(む) はさ(まる)	さしはさ(む)
狭	狹	キョウ	せま(い) せば(める) せば(まる)	コウ さ
恐		キョウ	おそ(れる) おそ(ろしい)	こわ(い)
恭		キョウ	うやうや(しい)	つつし(む)

漢字	旧字体	音読み	訓読み	表外読み
胸		キョウ	むね むな	こころ
脅		キョウ	おびや(かす) おど(す) おど(かす)	おび(える)
強		キョウ ゴウ	つよ(い) つよ(まる) つよ(める) し(いる)	つと(める) こわ(い) したた(か)
教	敎	キョウ	おし(える) おそ(わる)	
郷	鄕	キョウ ゴウ		さと
境		キョウ ケイ	さかい	
橋		キョウ	はし	
矯		キョウ	た(める)	いつわ(る)
鏡		キョウ	かがみ	

漢字	旧字体	音読み	訓読み	表外読み
競		キョウ ケイ	きそ(う) せ(る)	きお(う) くら(べる)
響	響	キョウ	ひび(く)	
驚		キョウ	おどろ(く) おどろ(かす)	
仰		ギョウ コウ	あお(ぐ) おお(せ)	▲あおの(く) ▲の(く)
暁	曉	ギョウ	あかつき	さと(る)
業		ギョウ ゴウ	わざ	
凝		ギョウ	こ(る) こ(らす)	しこ(り) ▲こご(る)
曲		キョク	ま(がる) ま(げる)	かね くせ くま ▲まが
局		キョク		つぼね

漢字	旧字体	音読み	訓読み	表外読み
極		キョク ゴク	きわ(める) きわ(まる) きわ(み)	き(まる) き(める)
玉		ギョク	たま	
巾		キン		ふきん かぶりもの きれ
斤		キン		おの
均		キン		ひと(しい) ととの(える) なら(す)
近		キン	ちか(い)	コン
金		キン コン	かね かな	こがね
菌		キン		きのこ ▲たけ かび
勤	勤	キン ゴン	つと(める) つと(まる)	いそ(しむ)

漢字	旧字体	音読み	訓読み	表外読み
琴		キン	こと	ゴン
筋		キン	すじ	
〔僅〕僅		キン	わず(か)	
禁		キン		い(む) いさ(める) とど(める)
緊		キン		かた(い) し(める) ちぢ(む) きび(しい)
錦		キン	にしき	
謹	謹	キン	つつし(む)	
襟		キン	えり	むね

漢字	旧字体	音読み	訓読み	表外読み
吟		ギン		うた(う) うめ(く)
銀		ギン		しろがね
区	區	ク		
句		ク		コウ あ(たる) ▲ま(がる)
苦		ク	くる(しい) くる(しむ) くる(しめる) にが(い) にが(る)	にがな ▲はなは(だ)
駆	驅	ク	か(ける) か(る)	お(う)
具		グ		つぶさ(に) そな(える) そな(わる) そろ(い) ▲つま

漢字	旧字体	音読み	訓読み	表外読み
〔惧〕惧		グ		▲ク ▲おそ(れる)
愚		グ	おろ(か)	
空		クウ	そら あ(く) あ(ける) から	あな うろ うつ(ろ) むな(しい) す(く) ▲うつ(ける)
偶		グウ		たぐい たまたま ひとがた
遇		グウ		グ あ(う) たまたま もてな(す)
隅		グウ	すみ	
串			くし	セン カン つら(ぬく) な(れる)

漢字	旧字体	音読み	訓読み	表外読み
屈		クツ		かが(む) ▲くぐ(まる) ▲こご(まる)
掘		クツ	ほ(る)	
窟		クツ		いわや ほらあな
熊			くま	ユウ
繰			く(る)	ソウ
君		クン	きみ	
訓		クン		キン よ(む) おし(える)
勲	勳	クン		いさお いさおし
薫	薰	クン	かお(る)	かおりぐさ た(く)

漢字	旧字体	音読み	訓読み	表外読み
軍		グン		クン つわもの いくさ
郡		グン		クン こおり
群		グン	む(れる) む(れ) むら	
兄		ケイ キョウ	あに	え
刑		ケイ		ギョウ しおき
形		ケイ ギョウ	かた かたち	なり
系		ケイ		つな(ぐ) すじ
径	徑	ケイ		さしわたし ただ(ちに) みち こみち
茎	莖	ケイ	くき	▲なかご

漢字	旧字体	音読み	訓読み	表外読み
係		ケイ	かか(る) かかり	つな(ぐ) かか(わる)
型		ケイ	かた	
契	契	ケイ	ちぎ(る)	キツ ケツ きざ(む) わりふ
計		ケイ	はか(る) はか(らう)	かぞ(える)
恵	惠	ケイ エ	めぐ(む)	
啓	啓	ケイ		ひら(く) もう(す)
掲	揭	ケイ	かか(げる)	
渓	溪	ケイ		たに
経	經	ケイ キョウ	へ(る)	キン たていと おさ(める) ▲た(つ)

漢字	旧字体	音読み	訓読み	表外読み
蛍	螢	ケイ	ほたる	
敬		ケイ	うやま(う)	キョウ つつし(む)
景		ケイ		エイ
軽	輕	ケイ	かる(い) かろ(やか)	キン
傾		ケイ	かたむ(く) かたむ(ける)	かた(げる) かし(ぐ) くつがえ(る)
携		ケイ	たずさ(える) たずさ(わる)	はな(れる)
継	繼	ケイ	つ(ぐ)	まま
詣		ケイ	もう(でる)	いた(る) まい(る)
慶		ケイ		キョウ よろこ(ぶ) よ(い)

漢字	旧字体	音読み	訓読み	表外読み
憬		ケイ		▲あこが(れる)
〔稽〕稽		ケイ		とど(める) とどこお(る) かんが(える)
憩		ケイ	いこ(い) いこ(う)	
警		ケイ		キョウ いまし(める)
鶏	鷄	ケイ	にわとり	とり
芸	藝	ゲイ		う(える) わざ
迎		ゲイ	むか(える)	ギョウ ゴウ
鯨		ゲイ	くじら	ケイ

漢字	旧字体	音読み	訓読み	表外読み
隙		ゲキ	すき	ケキ ひま
劇		ゲキ		はげ(しい)
撃	擊	ゲキ	う(つ)	ケキ
激		ゲキ	はげ(しい)	はげ(ます)
桁			けた	コウ
欠	缺	ケツ	か(ける) か(く)	
穴		ケツ	あな	
血		ケツ	ち	ケチ
決		ケツ	き(める) き(まる)	さ(ける)

漢字	旧字体	音読み	訓読み	表外読み
結		ケツ	むす(ぶ) ゆ(う) ゆ(わえる)	ケチ ケイ ▲す(く)
傑	傑	ケツ		すぐ(れる)
潔	潔	ケツ	いさぎよ(い)	きよ(い)
月		ゲツ ガツ	つき	
犬		ケン	いぬ	
件		ケン		くだん くだり ことがら
見		ケン	み(る) み(える) み(せる)	ゲン まみ(える) あらわ(れる)
券	劵	ケン		わりふ てがた
肩	肩	ケン	かた	

漢字	旧字体	音読み	訓読み	表外読み
建		ケン コン	た(てる) た(つ)	くつがえ(す)
研	硏	ケン	と(ぐ)	ゲン みが(く)
県	縣	ケン		あがた
倹	儉	ケン		つづま(やか) ▲つま(しい)
兼	兼	ケン	か(ねる)	あわ(せる)
剣	劍	ケン	つるぎ	
拳	拳	ケン	こぶし	ゲン
軒		ケン	のき	くるま てすり たか(い) と(ぶ)
健		ケン	すこ(やか)	たけ(し) したた(か)

漢字	旧字体	音読み	訓読み	表外読み
険	險	ケン	けわ(しい)	
圏	圈	ケン		かこ(い)
堅		ケン	かた(い)	
検	檢	ケン		しら(べる) ▲あらた(める)
嫌	嫌	ケン ゲン	きら(う) いや	うたが(う)
献	獻	ケン コン		たてまつ(る) ▲まつ(る) ささ(げる)
絹		ケン	きぬ	
遣		ケン	つか(う) つか(わす)	や(る)
権	權	ケン ゴン		おもり はか(る) いきお(い) かり

漢字	旧字体	音読み	訓読み	表外読み
憲		ケン		のり のっと(る)
賢		ケン	かしこ(い)	さか(しい) まさ(る)
謙	謙	ケン		へりくだ(る) ▲うやうや(しくする)
鍵		ケン	かぎ	
繭	繭	ケン	まゆ	
顕	顯	ケン		あらわ(れる) あき(らか)
験	驗	ケン ゲン		しるし あかし ため(す)
懸		ケン ケ	か(ける) か(かる)	へだ(たる)
元		ゲン ガン	もと	はじ(め)

漢字	旧字体	音読み	訓読み	表外読み
幻		ゲン	まぼろし	まど(わす)
玄		ゲン		くろ くろ(い)
言		ゲン ゴン	い(う) こと	ことば
弦		ゲン	つる	
限		ゲン	かぎ(る)	▲きり
原		ゲン	はら	もと たず(ねる) ゆる(す)
現		ゲン	あらわ(れる) あらわ(す)	うつつ
舷		ゲン		ふなばた ふなべり
減		ゲン	へ(る) へ(らす)	

漢字	旧字体	音読み	訓読み	表外読み
源		ゲン	みなもと	
厳	嚴	ゲン ゴン	おごそ(か) きび(しい)	いかめ(しい) ▲いか(つい)
己		コ キ	おのれ	つちのと
戸	戶	コ	と	へ
古		コ	ふる(い) ふる(す)	いにしえ ふる(びる)
呼		コ	よ(ぶ)	
固		コ	かた(める) かた(まる) かた(い)	もと(より)
股		コ	また	もも
虎		コ	とら	

漢字	旧字体	音読み	訓読み	表外読み
孤	孤	コ		みなしご ひと(り) そむ(く)
弧	弧	コ		きゆみ
故		コ	ゆえ	ことさら(に) ふる(い) もと
枯		コ	か(れる) か(らす)	▲から(びる)
個		コ		カ
庫		コ ク		くら
湖		コ	みずうみ	
雇		コ	やと(う)	
誇		コ	ほこ(る)	

漢字	旧字体	音読み	訓読み	表外読み
鼓		コ	つづみ	
錮		コ		▲ふさ(ぐ) ▲とじこ(める) ▲かた(い) ▲ながわずら(い)
顧		コ	かえり(みる)	
五		ゴ	いつ いつ(つ)	
互		ゴ	たが(い)	▲かたみ(に)
午		ゴ		ひる うま
呉		ゴ		くれ く(れる)
後		ゴ コウ	のち うし(ろ) あと おく(れる)	▲しり
娯		ゴ		たの(しむ)

漢字	旧字体	音読み	訓読み	表外読み
悟		ゴ	さと(る)	
碁		ゴ		キ
語		ゴ	かた(る) かた(らう)	ギョ ことば つ(げる)
誤		ゴ	あやま(る)	まど(わす)
護	護	ゴ		まも(る) まも(り)
口		コウ ク	くち	
工		コウ ク		わざ たくみ たく(む)
公		コウ	おおやけ	ク きみ
勾		コウ		ま(がる) とら(える)

漢字	旧字体	音読み	訓読み	表外読み
孔		コウ		ク あな はなは(だ)
功		コウ ク		いさお
巧		コウ	たく(み)	たく(む) うま(い)
広	廣	コウ	ひろ(い) ひろ(まる) ひろ(める) ひろ(がる) ひろ(げる)	
甲		コウ カン		かぶと よろい きのえ つめ
交		コウ	まじ(わる) まじ(える) ま(じる) ま(ざる) ま(ぜる) か(う) か(わす)	こもごも
光		コウ	ひか(る) ひかり	

漢字	旧字体	音読み	訓読み	表外読み
向		コウ	む(く) む(ける) む(かう) む(こう)	キョウ さき(に)
后		コウ		ゴ のち きみ きさき
好		コウ	この(む) す(く)	よ(い) よしみ
江		コウ	え	
考		コウ	かんが(える)	
行		コウ ギョウ アン	い(く) ゆ(く) おこな(う)	みち し(ぬ) ▲や(る)
坑		コウ		あな
孝		コウ		キョウ
抗		コウ		あらが(う) ふせ(ぐ) はりあ(う) こば(む)

漢字	旧字体	音読み	訓読み	表外読み
攻		コウ	せ(める)	おさ(める) みが(く)
更		コウ	さら ふ(ける) ふ(かす)	か(える) あらた(める)
効	效	コウ	き(く)	なら(う) いた(す) ▲かい
幸		コウ	さいわ(い) さち しあわ(せ)	みゆき
拘		コウ		とど(める) とら(える) かか(わる) こだわ(る)
肯		コウ		がえん(じる) うなず(く) うべな(う) あ(えて)
侯		コウ		まと きみ
厚		コウ	あつ(い)	
恒	恆	コウ		つね つね(に)

漢字	旧字体	音読み	訓読み	表外読み
洪		コウ		おおみず
皇		コウ オウ		きみ すめらぎ
紅		コウ ク	べに くれない	グ あか(い) ▲もみ
荒		コウ	あら(い) あ(れる) あ(らす)	すさ(む) すさ(ぶ)
郊		コウ		まつ(る)
香		コウ キョウ	か かお(り) かお(る)	かんば(しい)
侯		コウ	そうろう	うかが(う) さぶら(う) ま(つ)
校		コウ		キョウ かせ かんが(える) くら(べる) あぜ

漢字	旧字体	音読み	訓読み	表外読み
耕		コウ	たがや(す)	
航		コウ		わた(る)
貢		コウ ク	みつ(ぐ)	
降	降	コウ	お(りる) お(ろす) ふ(る)	ゴウ くだ(る) くだ(す)
高		コウ	たか(い) たか たか(まる) たか(める)	
康		コウ		やす(い)
控		コウ	ひか(える)	つ(げる) ▲のぞ(く)
梗		コウ		キョウ ふさ(がる) おおむ(ね) でく かた(い) つよ(い)

漢字	旧字体	音読み	訓読み	表外読み
黄	黃	コウ オウ	き こ	
喉		コウ	のど	
慌		コウ	あわ(てる) あわ(ただしい)	
港	港	コウ	みなと	
硬		コウ	かた(い)	
絞		コウ	しぼ(る) し(める) し(まる)	くび(る)
項		コウ		うなじ
溝	溝	コウ	みぞ	▲どぶ
鉱	鑛	コウ		あらがね

漢字	旧字体	音読み	訓読み	表外読み
構	構	コウ	かま(える) かま(う)	
綱		コウ	つな	
酵		コウ		もと こうじ
稿		コウ		わら したがき
興		コウ キョウ	おこ(る) おこ(す)	
衡		コウ		はかり はか(る) ▲くびき
鋼		コウ	はがね	
講	講	コウ		
購	購	コウ		あがな(う)

漢字	旧字体	音読み	訓読み	表外読み
乞			こ(う)	キツ コツ
号	號	ゴウ		さけ(ぶ) よびな
合		ゴウ ガッ カッ	あ(う) あ(わす) あ(わせる)	コウ
拷		ゴウ		コウ う(つ)
剛		ゴウ		コウ つよ(い) かた(い)
傲		ゴウ		▲おご(る) ▲あなど(る) ▲あそ(ぶ)
豪		ゴウ		コウ えら(い) つよ(い)
克		コク		か(つ) よ(く)
告		コク	つ(げる)	

漢字	旧字体	音読み	訓読み	表外読み
谷		コク	たに	▲ロク きわ(まる) や
刻		コク	きざ(む)	とき
国	國	コク	くに	
黒	黑	コク	くろ くろ(い)	
穀	穀	コク		
酷		コク		きび(しい) はなは(だしい) むご(い)
獄		ゴク		うった(える) ひとや
骨		コツ	ほね	
駒			こま	ク

漢字	旧字体	音読み	訓読み	表外読み
込			こ(む) こ(める)	
頃			ころ	ケイ キョウ しばら(く) かたあし
今		コン キン	いま	
困		コン	こま(る)	くる(しむ)
昆		コン		あに
恨		コン	うら(む) うら(めしい)	
根		コン	ね	
婚		コン		
混		コン	ま(じる) ま(ざる) ま(ぜる) こ(む)	

漢字	旧字体	音読み	訓読み	表外読み
痕		コン	あと	
紺		コン		
魂		コン	たましい	たま
墾		コン		ひら(く)
懇		コン	ねんご(ろ)	
左		サ	ひだり	
佐		サ		すけ たす(ける)
沙		サ		シャ みぎわ すな よな(げる)
査		サ		しら(べる)

漢字	旧字体	音読み	訓読み	表外読み
砂		サ シャ	すな	いさご
唆		サ	そそのか(す)	
差		サ	さ(す)	シ たが(う) つか(わす)
詐		サ		いつわ(る)
鎖		サ	くさり	とざ(す) ▲さ(す)
座		ザ	すわ(る)	いま(す)
挫		ザ		くじ(く) くじ(ける)
才		サイ		ざえ ▲かど
再		サイ サ	ふたた(び)	

漢字	旧字体	音読み	訓読み	表外読み
災		サイ	わざわ(い)	
妻		サイ	つま	セイ めあ(わす)
采		サイ		と(る) いろどり すがた うね
砕	碎	サイ	くだ(く) くだ(ける)	
宰		サイ		つかさど(る)
栽		サイ		う(える)
彩		サイ	いろど(る)	あや
採		サイ	と(る)	
済	濟	サイ	す(む) す(ます)	セイ わた(る) わた(す) すく(う) な(す)

漢字	旧字体	音読み	訓読み	表外読み
祭		サイ	まつ(る) まつ(り)	
斎	齋	サイ		ものいみ つつし(む) いつ(く) とき
細		サイ	ほそ(い) ほそ(る) こま(か) こま(かい)	ささ(やか) くわ(しい)
菜		サイ	な	
最		サイ	もっと(も)	も
裁		サイ	た(つ) さば(く)	
債		サイ		か(り) か(し)
催		サイ	もよお(す)	▲もよ(い) うなが(す)
塞		サイ ソク	ふさ(ぐ) ふさ(がる)	せ(く) み(ちる) とりで

漢字	旧字体	音読み	訓読み	表外読み
歳		サイ セイ		とし とせ よわい
載		サイ	の(せる) の(る)	しる(す) とし
際		サイ	きわ	まじ(わる) あい
埼			さい	キ さき
在		ザイ	あ(る)	いま(す) ▲ましま(す)
材		ザイ		サイ まるた
剤	劑	ザイ		セイ ま(ぜる)
財		ザイ サイ		たから
罪		ザイ	つみ	

漢字	旧字体	音読み	訓読み	表外読み
崎			さき	キ
作		サク サ	つく(る)	な(す)
削		サク	けず(る)	そ(ぐ) はつ(る)
昨		サク		きのう
柵		サク		やらい しがらみ とりで
索		サク		つな なわ もと(める) さが(す)
策		サク		むち つえ はかりごと ふだ
酢		サク	す	ソ す(い)
搾		サク	しぼ(る)	

漢字	旧字体	音読み	訓読み	表外読み
錯		サク		ソ まじ(る) あやま(る) お(く)
咲			さ(く)	ショウ
冊	册	サツ サク		ふみ た(てる)
札		サツ	ふだ	さね わかじに
刷		サツ	す(る)	は(く)
刹		サツ セツ		▲てら
拶		サツ		せま(る)
殺	殺	サツ サイ セツ	ころ(す)	そ(ぐ) そ(げる) けず(る)
察		サツ		し(る) み(る) あき(らか)

漢字	旧字体	音読み	訓読み	表外読み
撮		サツ	と(る)	つま(む)
擦		サツ	す(る) す(れる)	こす(る) なす(る) さす(る) かす(れる)
雑	雜	ザツ ゾウ		ま(じる) ま(ぜる)
皿			さら	▲ベイ
三		サン	み み(つ) みっ(つ)	
山		サン	やま	セン
参	參	サン	まい(る)	シン まじ(わる)
桟	棧	サン		かけはし たな
蚕	蠶	サン	かいこ	▲こ

漢字	旧字体	音読み	訓読み	表外読み
惨	慘	サン ザン	みじ（め）	いた（む） いた（ましい） むご（い）
産	產	サン	う（む） う（まれる） うぶ	
傘		サン	かさ	
散		サン	ち（る） ち（らす） ち（らかす） ち（らかる）	ばら
算		サン		かず かぞ（える）
酸		サン	す（い）	す つら（い）
賛	贊	サン		たす（ける） たた（える） ほ（める）
残	殘	ザン	のこ（る） のこ（す）	そこ（なう）
斬		ザン	き（る）	サン

漢字	旧字体	音読み	訓読み	表外読み
暫		ザン		しばら（く） ▲しば（し）
士		シ		さむらい
子		シ ス	こ	み おとこ ね
支		シ	ささ（える）	つか（える） か（う）
止		シ	と（まる） と（める）	とど（まる） とど（める） や（む） や（める） ▲さ（す） ▲よ（す）
氏		シ	うじ	
仕		シ ジ	つか（える）	つかまつ（る）
史		シ		ふみ

漢字	旧字体	音読み	訓読み	表外読み
司		シ		ス つかさ つかさど（る）
四		シ	よ よ（つ） よっ（つ） よん	
市		シ	いち	
矢		シ	や	
旨		シ	むね	うま（い）
死		シ	し（ぬ）	
糸	絲	シ	いと	
至		シ	いた（る）	
伺		シ	うかが（う）	

漢字	旧字体	音読み	訓読み	表外読み
志		シ	こころざ(す) こころざし	しる(す)
私		シ	わたくし わたし	ひそ(か)
使		シ	つか(う)	つか(わす)
刺		シ	さ(す) さ(さる)	セキ とげ そし(る) なふだ
始		シ	はじ(める) はじ(まる)	
姉		シ	あね	
枝		シ	えだ	
祉		シ		さいわ(い)
肢		シ		てあし

漢字	旧字体	音読み	訓読み	表外読み
姿		シ	すがた	
思		シ	おも(う)	おぼ(しい) こころ
指		シ	ゆび さ(す)	
施		シ セ	ほどこ(す)	し(く)
師		シ		みやこ いくさ かしら
恣		シ		▲ほしいまま
紙		シ	かみ	
脂		シ	あぶら	やに べに
視	視	シ		み(る)

漢字	旧字体	音読み	訓読み	表外読み
紫		シ	むらさき	
詞		シ		ことば
歯	齒	シ	は	よわい
嗣		シ		つ(ぐ)
試		シ	こころ(みる) ため(す)	
詩		シ		うた
資		シ		たから もと たち たす(ける)
飼		シ	か(う)	やしな(う)
誌		シ		しる(す)

漢字	旧字体	音読み	訓読み	表外読み
雌		シ	め めす	めん
摯		シ		▲と(る) ▲にえ ▲まこと ▲あら(い)
賜		シ	たまわ(る)	たま(う) たまもの
諮		シ	はか(る)	と(う)
示		ジ シ	しめ(す)	
字		ジ	あざ	はぐく(む) あざな
寺		ジ	てら	
次		ジ シ	つ(ぐ) つぎ	やど(る) つい(ず)
耳		ジ	みみ	のみ

漢字	旧字体	音読み	訓読み	表外読み
自		ジ シ	みずか(ら)	おのずか(ら) よ(り)
似		ジ	に(る)	シ ▲ごと(し) ▲そぐ(う)
児	兒	ジ ニ		こ
事		ジ ズ	こと	つか(える)
侍		ジ	さむらい	シ さぶら(う) はべ(る)
治		ジ チ	おさ(める) おさ(まる) なお(る) なお(す)	
持		ジ	も(つ)	チ
時		ジ	とき	
滋		ジ		シ しげ(る) ま(す)

漢字	旧字体	音読み	訓読み	表外読み
慈		ジ	いつく(しむ)	
辞	辭	ジ	や(める)	ことば ことわ(る)
磁		ジ		シ やきもの
〔餌〕餌		ジ	えさ え	たべもの く(う) く(わせる)
璽		ジ		しるし
鹿			しか か	ロク
式		シキ		ショク のり のっと(る) きまり ▲ああ

漢字	旧字体	音読み	訓読み	表外読み
識		シキ		シ ショク し(る) しる(す)
軸		ジク		チク しんぎ かなめ
七		シチ	なな なな(つ) なの	シツ
叱		シツ	しか(る)	シチ
失		シツ	うしな(う)	う(せる)
室		シツ	むろ	いえ つま へや
疾		シツ		やまい や(む) ▲やま(しい) にく(む) はや(い) ▲と(し) ▲と(く)
執		シツ シュウ	と(る)	とら(える)

漢字	旧字体	音読み	訓読み	表外読み
湿	濕	シツ	しめ(る) しめ(す)	うるお(い) うるお(す)
嫉		シツ		ねた(む) そね(む) にく(む)
漆		シツ	うるし	
質		シツ シチ チ		シ もと たち ただ(す)
実	實	ジツ	み みの(る)	み(ちる) まこと まめ ▲さね
芝			しば	シ
写	寫	シャ	うつ(す) うつ(る)	
社		シャ	やしろ	ジャ
車		シャ	くるま	

漢字	旧字体	音読み	訓読み	表外読み
舎	舍	シャ		セキ いえ やど やど(る) お(く)
者	者	シャ	もの	
射		シャ	い(る)	セキ ▲ヤ う(つ) あ(てる) さ(す)
捨	捨	シャ	す(てる)	ほどこ(す)
赦		シャ		ゆる(す)
斜		シャ	なな(め)	はす
煮	煮	シャ	に(る) に(える) に(やす)	

漢字	旧字体	音読み	訓読み	表外読み
遮		シャ	さえぎ(る)	
謝		シャ	あやま(る)	ことわ(る) さ(る)
邪	邪	ジャ		シャ ヤ よこしま
蛇		ジャ ダ	へび	イ タ
尺		シャク		セキ さし ものさし わず(か)
借		シャク	か(りる)	シャ
酌	酌	シャク	く(む)	
釈	釋	シャク		セキ と(く) と(かす) ゆる(す) お(く)

漢字	旧字体	音読み	訓読み	表外読み
爵	爵	シャク		さかずき
若		ジャク ニャク	わか(い) も(しくは)	ニャ なんじ も(し) し(く) ごと(し)
弱	弱	ジャク	よわ(い) よわ(る) よわ(まる) よわ(める)	ニャク
寂		ジャク セキ	さび さび(しい) さび(れる)	しず(か) さ(びる)
手		シュ	て た	ズ
主		シュ ス	ぬし おも	あるじ つかさど(る)
守		シュ ス	まも(る) も(り)	かみ
朱		シュ		ス あか ▲あけ

漢字	旧字体	音読み	訓読み	表外読み
取		シュ	と(る)	
狩		シュ	か(る) か(り)	
首		シュ	くび	▲こうべ はじ(め) かしら もう(す)
殊		シュ	こと	
珠		シュ		たま
酒		シュ	さけ さか	
腫		シュ	は(れる) は(らす)	ショウ はれもの
種		シュ	たね	ショウ う(える) くさ
趣		シュ	おもむき	ソク おもむ(く) うなが(す)

漢字	旧字体	音読み	訓読み	表外読み
寿	壽	ジュ	ことぶき	ス ことほ(ぐ) ひさ(しい) とし
受		ジュ	う(ける) う(かる)	ズ
呪		ジュ	のろ(う)	シュウ のろ(い) まじな(う) まじな(い)
授		ジュ	さず(ける) さず(かる)	
需		ジュ		もと(める)
儒		ジュ		
樹		ジュ		う(える) た(てる) き
収	收	シュウ	おさ(める) おさ(まる)	
囚		シュウ		とら(える) とら(われる)

漢字	旧字体	音読み	訓読み	表外読み
州		シュウ	す	ス くに しま
舟		シュウ	ふね ふな	シュ
秀		シュウ	ひい(でる)	
周	周	シュウ	まわ(り)	ス めぐ(る) あまね(く)
宗		シュウ ソウ		むね
拾		シュウ ジュウ	ひろ(う)	とお
秋		シュウ	あき	とき
臭	臭	シュウ	くさ(い) にお(う)	キュウ
修		シュウ シュ	おさ(める) おさ(まる)	かざ(る) なが(い)

漢字	旧字体	音読み	訓読み	表外読み
袖		シュウ	そで	
終	終	シュウ	お(わる) お(える)	▲しま(う) つい(に)
羞		シュウ		▲すす(める) ▲そなえもの ▲は(じる) ▲はずかし(める) ▲はじ ▲はずかし(め)
習	習	シュウ	なら(う)	ジュウ
週		シュウ		めぐ(る)
就		シュウ ジュ	つ(く) つ(ける)	な(す) な(る)
衆		シュウ シュ		おお(い)
集		シュウ	あつ(まる) あつ(める) つど(う)	すだ(く) たか(る)

漢字	旧字体	音読み	訓読み	表外読み
愁		シュウ	うれ(える) うれ(い)	
酬		シュウ		むく(いる)
醜		シュウ	みにく(い)	にく(む) たぐい ▲しこ
蹴		シュウ	け(る)	シュク ふみつ(ける)
襲		シュウ	おそ(う)	かさ(ねる) ▲かさね つ(ぐ)
十		ジュウ ジッ	とお と	
汁		ジュウ	しる	シュウ つゆ
充	充	ジュウ	あ(てる)	シュウ み(つ) み(ちる) み(たす)
住		ジュウ	す(む) す(まう)	とど(まる)

漢字	旧字体	音読み	訓読み	表外読み
柔		ジュウ ニュウ	やわ(らか) やわ(らかい)	やわ(らげる) やさ(しい)
重		ジュウ チョウ	え おも(い) かさ(ねる) かさ(なる)	おも(んじる)
従	從	ジュウ ショウ ジュ	したが(う) したが(える)	
渋	澁	ジュウ	しぶ しぶ(い) しぶ(る)	シュウ
銃		ジュウ		つつ
獣	獸	ジュウ	けもの	けだもの ▲しし
縦	縱	ジュウ	たて	ショウ はな(つ) ゆる(す) ゆる(める) ほしいまま ▲よし(んば)
叔		シュク		わか(い)

漢字	旧字体	音読み	訓読み	表外読み
祝		シュク シュウ	いわ(う)	の(る) のろ(う) た(つ)
宿		シュク	やど やど(る) やど(す)	スク
淑		シュク		よ(い) しと(やか)
粛	肅	シュク		つつし(む)
縮		シュク	ちぢ(む) ちぢ(まる) ちぢ(める) ちぢ(れる) ちぢ(らす)	
塾		ジュク		
熟		ジュク	う(れる)	に(る) に(える) う(む) な(れる) つらつら ▲つくづく こな(す) こな(れる)

漢字	旧字体	音読み	訓読み	表外読み
出		シュツ スイ	で（る） だ（す）	い（づ） いだ（す）
述		ジュツ	の（べる）	
術		ジュツ		シュツ スイ すべ わざ むらざと
俊		シュン		すぐ（れる）
春		シュン	はる	
瞬	瞬	シュン	またた（く）	▲まばた（く） ▲まじろ（ぐ） ▲しばた（く） しばたた（く）
旬		ジュン シュン		
巡	巡	ジュン	めぐ（る）	まわ（る）

漢字	旧字体	音読み	訓読み	表外読み
盾		ジュン	たて	
准		ジュン		シュン なぞら（える） ゆる（す）
殉		ジュン		したが（う）
純		ジュン		きいと
循		ジュン		めぐ（る） したが（う）
順		ジュン		したが（う） すなお
準		ジュン		シュン セツ なぞら（える） はなすじ
潤		ジュン	うるお（う） うるお（す） うる（む）	ほと（びる）
遵	遵	ジュン		シュン したが（う）

漢字	旧字体	音読み	訓読み	表外読み
処	處	ショ		ソ ところ お（る） お（く）
初		ショ	はじ（め） はじ（めて） はつ うい そ（める）	ソ うぶ
所	所	ショ	ところ	ソ
書		ショ	か（く）	ふみ
庶		ショ		おお（い） もろもろ こいねが（う）
暑	暑	ショ	あつ（い）	
署	署	ショ		やくわり しる（す）
緒	緒	ショ チョ	お	いとぐち

漢字	旧字体	音読み	訓読み	表外読み
諸	諸	ショ		もろ もろもろ
女		ジョ ニョ ニョウ	おんな め	むすめ めあ(わせる) なんじ
如		ジョ ニョ		し(く) ゆ(く) ごと(し) ▲も(し)
助		ジョ	たす(ける) たす(かる) すけ	
序		ジョ		はしがき つい(で) まなびや
叙	敍	ジョ		の(べる)
徐		ジョ		おもむろ
除		ジョ ジ	のぞ(く)	はら(う) ▲つ(きる) ▲よ(ける)
小		ショウ	ちい(さい) こ お	さ

漢字	旧字体	音読み	訓読み	表外読み
升		ショウ	ます	のぼ(る)
少		ショウ	すく(ない) すこ(し)	しばら(く) ▲まれ わか(い)
召		ショウ	め(す)	
匠		ショウ		たくみ
床		ショウ	とこ ゆか	
抄		ショウ		ソウ かすめ(る) うつ(す) す(く) すく(う)
肖	肖	ショウ		に(る) かたど(る) あやか(る)
尚	尙	ショウ		くわ(える) とうと(ぶ) たっと(ぶ) なお

漢字	旧字体	音読み	訓読み	表外読み
招		ショウ	まね(く)	
承		ショウ	うけたまわ(る)	う(ける)
昇		ショウ	のぼ(る)	
松		ショウ	まつ	
沼		ショウ	ぬま	
昭		ショウ		あき(らか)
宵	宵	ショウ	よい	
将	將	ショウ		ひき(いる) まさ(に)…(す) はた
消	消	ショウ	き(える) け(す)	

漢字	旧字体	音読み	訓読み	表外読み
症		ショウ		しるし
祥		ショウ		さち さいわ(い) きざ(し)
称	稱	ショウ		▲はか(る) とな(える) ▲あ(げる) たた(える) ▲かな(う)
笑		ショウ	わら(う) え(む)	
唱		ショウ	とな(える)	うた うた(う)
商		ショウ	あきな(う)	はか(る)
渉	涉	ショウ		わた(る) かか(わる)
章		ショウ		あや しるし ふみ

漢字	旧字体	音読み	訓読み	表外読み
紹		ショウ		つ(ぐ)
訟		ショウ		ジュ うった(える)
勝	勝	ショウ	か(つ) まさ(る)	すぐ(れる) ▲た(える)
掌		ショウ		たなごころ ▲てのひら つかさど(る) にな(う)
晶		ショウ		あき(らか)
焼	燒	ショウ	や(く) や(ける)	▲く(べる)
焦		ショウ	こ(げる) こ(がす) こ(がれる) あせ(る)	や(く) じ(れる) じ(らす)
硝	硝	ショウ		
粧		ショウ		ソウ よそお(う) ▲めか(す)

漢字	旧字体	音読み	訓読み	表外読み
詔		ショウ	みことのり	
証	證	ショウ		あか(し)
象		ショウ ゾウ		かたち かたど(る)
傷		ショウ	きず いた(む) いた(める)	そこ(なう)
奨	獎	ショウ		ソウ すす(める)
照		ショウ	て(る) て(らす) て(れる)	
詳		ショウ	くわ(しい)	つまび(らか)
彰		ショウ		あき(らか) あらわ(す) あらわ(れる)
障		ショウ	さわ(る)	へだ(てる) ▲ふせ(ぐ)

漢字	旧字体	音読み	訓読み	表外読み
憧		ショウ	あこが(れる)	ドウ
衝		ショウ		つ(く)
賞		ショウ		ほ(める) め(でる)
償		ショウ	つぐな(う)	
礁		ショウ		かくれいわ
鐘		ショウ	かね	シュ
上		ジョウ ショウ	うえ うわ かみ あ(げる) あ(がる) のぼ(る) のぼ(せる) のぼ(す)	ほとり たてまつ(る)

漢字	旧字体	音読み	訓読み	表外読み
丈		ジョウ	たけ	
冗		ジョウ		むだ
条	條	ジョウ		えだ すじ
状	狀	ジョウ		かたち かきつけ
乗	乘	ジョウ	の(る) の(せる)	ショウ
城	城	ジョウ	しろ	セイ き
浄	淨	ジョウ		きよ(い)
剰	剩	ジョウ		あま(る) あま(す) あまつさ(え)
常		ジョウ	つね とこ	

漢字	旧字体	音読み	訓読み	表外読み
情	情	ジョウ セイ	なさ(け)	こころ おもむき
場		ジョウ	ば	
畳	疊	ジョウ	たた(む) たたみ	チョウ かさ(ねる)
蒸		ジョウ	む(す) む(れる) む(らす)	ふ(かす) ふ(ける) おお(い)
縄	繩	ジョウ	なわ	ただ(す)
壌	壤	ジョウ		つち
嬢	孃	ジョウ		むすめ
錠		ジョウ		テイ
譲	讓	ジョウ	ゆず(る)	せ(める)

漢字	旧字体	音読み	訓読み	表外読み
醸	釀	ジョウ	かも(す)	
色		ショク シキ	いろ	
拭		ショク	ふ(く) ぬぐ(う)	シキ
食		ショク ジキ	く(う) く(らう) た(べる)	シ ▲は(む)
植		ショク	う(える) う(わる)	▲チ た(てる)
殖		ショク	ふ(える) ふ(やす)	
飾		ショク	かざ(る)	
触	觸	ショク	ふ(れる) さわ(る)	ソク
嘱	囑	ショク		たの(む)

漢字	旧字体	音読み	訓読み	表外読み
織		ショク シキ	お(る)	
職		ショク		シキ つかさ つかさど(る) つと(め)
辱		ジョク	はずかし(める)	ニク はじ はずかし(め) かたじけな(い)
尻			しり	コウ
心		シン	こころ	▲うら
申		シン	もう(す)	かさ(ねる) さる
伸		シン	の(びる) の(ばす) の(べる)	▲の(す) ▲の(る)
臣		シン ジン		おみ
芯		シン		とうしんぐさ

漢字	旧字体	音読み	訓読み	表外読み
身		シン	み	
辛		シン	から(い)	かのと つら(い)
侵	侵	シン	おか(す)	みにく(い)
信		シン		まこと たよ(り) まか(せる)
津		シン	つ	しる
神		シン ジン	かみ かん こう	たましい
唇		シン	くちびる	
娠		シン		はら(む) みごも(る)
振		シン	ふ(る) ふ(るう) ふ(れる)	すく(う)

漢字	旧字体	音読み	訓読み	表外読み
浸		シン	ひた(す) ひた(る)	つ(く) つ(かる) し(みる)
真	眞	シン	ま	まこと
針		シン	はり	
深		シン	ふか(い) ふか(まる) ふか(める)	ふ(ける) み
紳		シン		おおおび
進		シン	すす(む) すす(める)	
森		シン	もり	
診		シン	み(る)	
寝	寢	シン	ね(る) ね(かす)	みたまや や(める) みにく(い)

漢字	旧字体	音読み	訓読み	表外読み
慎	愼	シン	つつし(む)	つつま(しい) つつま(しやか)
新		シン	あたら(しい) あら(た) にい	▲さら
審		シン		つまび(らか)
震		シン	ふる(う) ふる(える)	
薪		シン	たきぎ	まき
親		シン	おや した(しい) した(しむ)	みずか(ら)
人		ジン ニン	ひと	
刃		ジン	は	ニン やいば き(る)
仁		ジン ニ		ニン

漢字	旧字体	音読み	訓読み	表外読み
尽	盡	ジン	つ(くす) つ(きる) つ(かす)	ことごと(く) ▲すが(れる)
迅		ジン		はや(い) はげ(しい)
甚		ジン	はなは(だ) はなは(だしい)	▲いた(く)
陣		ジン		チン じんだて ひとしき(り)
尋	尋	ジン	たず(ねる)	つね ひろ
腎		ジン		シン かなめ
須		ス		シュ ま(つ) もち(いる) もと(める) しばら(く) すべか(らく) …(べし)
図	圖	ズ ト	はか(る)	え

漢字	旧字体	音読み	訓読み	表外読み
水		スイ	みず	
吹		スイ	ふ(く)	
垂		スイ	た(れる)・た(らす)	▲しだ(れる)・▲しで・なんなん(とする)
炊		スイ	た(く)	かし(ぐ)
帥		スイ		ソツ・ひき(いる)
粋	粹	スイ	いき	
衰		スイ	おとろ(える)	サイ
推		スイ	お(す)	
酔	醉	スイ	よ(う)	

漢字	旧字体	音読み	訓読み	表外読み
遂	遂	スイ	と(げる)	おお(せる)・つい(に)
睡		スイ		ねむ(る)
穂	穗	スイ	ほ	
随	隨	ズイ		したが(う)
髄	髓	ズイ		
枢	樞	スウ		とぼそ・かなめ
崇		スウ		▲シュウ・たか(い)・たっと(ぶ)・とうと(ぶ)・あが(める)・お(わる)
数	數	スウ・ス	かず・かぞ(える)	サク・シュ・ソク・しばしば

漢字	旧字体	音読み	訓読み	表外読み
据			す(える)・す(わる)	キョ
杉			すぎ	サン
裾			すそ	キョ
寸		スン		ソン・わず(か)・き
瀬	瀨		せ	ライ
是		ゼ		シ・これ・▲こ(の)・ただ(しい)
井		セイ・ショウ	い	いげた・まち
世		セイ・セ	よ	
正		セイ・ショウ	ただ(しい)・ただ(す)・まさ	

漢字	旧字体	音読み	訓読み	表外読み
生		セイ ショウ	い(きる) い(かす) い(ける) う(まれる) う(む) お(う) は(える) は(やす) き なま	いのち うぶ な(る) な(す)
成	成	セイ ジョウ	な(る) な(す)	
西		セイ サイ	にし	スイ
声	聲	セイ ショウ	こえ こわ	
制		セイ		おさ(える)
姓		セイ ショウ		かばね
征		セイ		う(つ) ゆ(く) と(る)

漢字	旧字体	音読み	訓読み	表外読み
性		セイ ショウ		さが たち
青	靑	セイ ショウ	あお あお(い)	
斉	齊	セイ		サイ ととの(える) ひと(しい) ものいみ おごそ(か)
政		セイ ショウ	まつりごと	
星		セイ ショウ	ほし	
牲		セイ		いけにえ
省		セイ ショウ	かえり(みる) はぶ(く)	
凄		セイ		すご(む) すご(い) すさ(まじい) さむ(い)

漢字	旧字体	音読み	訓読み	表外読み
逝		セイ	ゆ(く) い(く)	
清	淸	セイ ショウ	きよ(い) きよ(まる) きよ(める)	シン さや(か) す(む)
盛		セイ ジョウ	も(る) さか(る) さか(ん)	
婿	壻	セイ	むこ	
晴	晴	セイ	は(れる) は(らす)	
勢		セイ	いきお(い)	セ
聖		セイ		ショウ ひじり
誠	誠	セイ	まこと	ジョウ
精	精	セイ ショウ		しら(げる) くわ(しい) もののけ

漢字	旧字体	音読み	訓読み	表外読み
製		セイ		つく(る)
誓		セイ	ちか(う)	ゼイ
静	靜	セイ ジョウ	しず しず(か) しず(まる) しず(める)	
請	請	セイ シン	こ(う) う(ける)	ショウ
整		セイ	ととの(える) ととの(う)	
醒		セイ		さ(める) さ(ます)
税	稅	ゼイ		セイ みつぎ
夕		セキ	ゆう	ゆう(べ)
斥		セキ		しりぞ(ける) うかが(う)

漢字	旧字体	音読み	訓読み	表外読み
石		セキ シャク コク	いし	ジャク
赤		セキ シャク	あか あか(い) あか(らむ) あか(らめる)	
昔		セキ シャク	むかし	
析		セキ		さ(く) わ(ける) わ(かれる)
席		セキ		むしろ
脊		セキ		せ せい
隻		セキ		ひと(つ)
惜		セキ	お(しい) お(しむ)	シャク
戚		セキ		みうち いた(む) うれ(える)

漢字	旧字体	音読み	訓読み	表外読み
責		セキ	せ(める)	シャク
跡		セキ	あと	シャク
積		セキ	つ(む) つ(もる)	シ シャク たくわ(える)
績		セキ		つむ(ぐ) ▲う(む) いさお
籍		セキ		ジャク ふみ し(く) ふ(む)
切		セツ サイ	き(る) き(れる)	
折		セツ	お(る) おり お(れる)	シャク くじ(ける) ▲さだ(める)
拙		セツ	つたな(い)	まず(い)
窃	竊	セツ		ぬす(む) ひそ(かに)

漢字	旧字体	音読み	訓読み	表外読み
接		セツ	つ(ぐ)	ショウ ▲は(ぐ) まじ(わる) もてな(す)
設		セツ	もう(ける)	セチ しつら(える)
雪		セツ	ゆき	すす(ぐ) そそ(ぐ)
摂	攝	セツ		ショウ か(ねる) か(わる) と(る)
節	節	セツ セチ	ふし	みさお ノット
説		セツ ゼイ	と(く)	エツ よろこ(ぶ)
舌		ゼツ	した	セツ ことば
絶		ゼツ	た(える) た(やす) た(つ)	ゼチ セツ はなは(だ) わた(る)
千		セン	ち	

漢字	旧字体	音読み	訓読み	表外読み
川		セン	かわ	
仙		セン		
占		セン	し(める) うらな(う)	
先		セン	さき	ま(ず)
宣		セン		の(べる) のたま(う)
専	專	セン	もっぱ(ら)	ほしいまま
泉		セン	いずみ	
浅	淺	セン	あさ(い)	
洗		セン	あら(う)	

漢字	旧字体	音読み	訓読み	表外読み
染		セン	そ(める) そ(まる) し(みる) し(み)	ゼン
扇	扇	セン	おうぎ	あお(ぐ) おだ(てる)
栓		セン		
旋		セン		めぐ(る)
船		セン	ふね ふな	
戦	戰	セン	いくさ たたか(う)	おのの(く) そよ(ぐ)
〔煎〕煎		セン	い(る)	に(る) せん(じる) せま(る)
羨		セン	うらや(む) うらや(ましい)	ゼン エン あま(る) はかみち

漢字	腺	〔詮〕詮	践	〔箋〕箋	銭	潜	線
旧字体			踐		錢	潛	
音読み	セン	セン	セン	セン	セン	セン	セン
訓読み					ぜに	ひそ(む) もぐ(る)	
表外読み	すじ	あきらか そな(わる) しら(べる) えら(ぶ)	ふ(む)	▲ふだ ▲はりふだ ▲なふだ ▲ときあ(かし) ▲てがみ ▲かきもの	ゼン すき	くぐ(る)	いと すじ

漢字	遷	選	薦	繊	鮮	全	前	善
旧字体				纖		全		
音読み	セン	セン	セン	セン	セン	ゼン	ゼン	ゼン
訓読み		えら(ぶ)	すす(める)		あざ(やか)	まった(く) すべ(て)	まえ	よ(い)
表外読み	うつ(す) うつ(る)	え(る) よ(る) すぐ(る)	こも ▲し(く) しき(りに)	チン すじ ほそ(い) ちい(さい) しな(やか)	あたら(しい) すく(ない)	セン	セン さき	セン

漢字	然	禅	漸	膳	繕	狙	阻	祖	租
旧字体		禪							
音読み	ゼン ネン	ゼン	ゼン	ゼン	ゼン	ソ	ソ	ソ	ソ
訓読み					つくろ(う)	ねら(う)	はば(む)		
表外読み	▲も(える) しか(し) しか(り) しか(も)	セン ゆず(る)	ザン ようや(く) すす(む) やや	セン そな(える) かしわ	セン	さる	けわ(しい) へだ(たる)	おや じじ はじ(め)	みつぎ ちんが(り)

漢字	旧字体	音読み	訓読み	表外読み
素		ソ、ス		もと、もと(より)、しろ(い)
措		ソ		お(く)、はか(らう)
粗		ソ	あら(い)	ほぼ、あら
組		ソ	く(む)、くみ	くみひも
疎		ソ	うと(い)、うと(む)	ショ、おろそ(か)、とお(る)、とお(す)、▲まば(ら)、▲おろ(か)、▲うろ、▲おろ
訴		ソ	うった(える)	
塑		ソ		でく

漢字	旧字体	音読み	訓読み	表外読み
遡〔遡〕		ソ	さかのぼ(る)	む(かう)
礎		ソ	いしずえ	
双	雙	ソウ	ふた	ふた(つ)、▲もろ、なら(ぶ)、たぐい
壮	壯	ソウ		さか(ん)
早		ソウ、サッ	はや(い)、はや(まる)、はや(める)	さ
争	爭	ソウ	あらそ(う)	いさ(める)
走		ソウ	はし(る)	
奏		ソウ	かな(でる)	すす(める)

漢字	旧字体	音読み	訓読み	表外読み
相		ソウ、ショウ	あい	ありさま、▲さが、うらな(う)、たす(ける)
荘	莊	ソウ		ショウ、しもやしき、おごそ(か)
草		ソウ	くさ	
送		ソウ	おく(る)	
倉		ソウ	くら	にわ(か)
捜	搜	ソウ	さが(す)	
挿	插	ソウ	さ(す)	▲はさ(む)、さしはさ(む)、▲す(げる)
桑		ソウ	くわ	
巣	巢	ソウ	す	

漢字	旧字体	音読み	訓読み	表外読み
掃	掃	ソウ	は(く)	はら(う)
曹		ソウ		ゾウ つかさ ともがら
曽	曾	ソウ ゾ		ソ ゾウ かさ(なる) ま(す) かつ(て) すなわ(ち)
爽		ソウ	さわ(やか)	あき(らか) たが(う)
窓		ソウ	まど	
創		ソウ	つく(る)	はじ(める) きず
喪		ソウ	も	うしな(う) ▲ほろ(びる) ▲ほろ(ぼす)
痩	瘦	ソウ	や(せる)	シュウ こ(ける) ほそ(い)

漢字	旧字体	音読み	訓読み	表外読み
葬		ソウ	ほうむ(る)	
装	裝	ソウ ショウ	よそお(う)	▲よそ(う)
僧	僧	ソウ		
想		ソウ ソ		おも(う)
層	層	ソウ		かさ(なる)
総	總	ソウ		す(べる) すべ(て) ふさ
遭		ソウ	あ(う)	
槽		ソウ		おけ ▲かいばおけ ▲ふね
踪		ソウ		▲シュウ ▲あと ▲あしあと ▲ゆくえ

漢字	旧字体	音読み	訓読み	表外読み
操		ソウ	みさお あやつ(る)	と(る)
燥		ソウ		かわ(く) はしゃ(ぐ)
霜		ソウ	しも	
騒	騷	ソウ	さわ(ぐ)	うれ(い) ▲ざわ(つく) ▲ぞめ(く)
藻		ソウ	も	あや かざり
造		ゾウ	つく(る)	いた(る) な(る) はじ(める) みやつこ
像		ゾウ		ショウ かたち かたど(る)
増	增	ゾウ	ま(す) ふ(える) ふ(やす)	ソウ
憎	憎	ゾウ	にく(む) にく(い) にく(らしい) にく(しみ)	ソウ

漢字	旧字体	音読み	訓読み	表外読み
蔵	藏	ゾウ	くら	ソウ かく(れる) おさ(める)
贈	贈	ゾウ ソウ	おく(る)	
臓	臟	ゾウ		ソウ はらわた
即	卽	ソク		ショク すなわ(ち) つ(く)
束		ソク	たば	つか つか(ねる)
足		ソク	あし た(りる) た(る) た(す)	
促		ソク	うなが(す)	せま(る)
則		ソク		のり のっと(る) すなわ(ち)
息		ソク	いき	やす(む)

漢字	旧字体	音読み	訓読み	表外読み
捉		ソク	とら(える)	と(る) つか(まえる)
速		ソク	はや(い) はや(める) はや(まる) すみ(やか)	
側		ソク	がわ	ショク そば ▲はた ▲かたわ(ら)
測		ソク	はか(る)	
俗		ゾク		なら(わし) いや(しい)
族		ゾク		やから
属	屬	ゾク		ショク やから つ(く) したやく
賊		ゾク		そこ(なう) わるもの
続	續	ゾク	つづ(く) つづ(ける)	ショク つ(ぐ)

漢字	旧字体	音読み	訓読み	表外読み
卒		ソツ		シュツ しもべ にわ(かに) お(える) お(わる) ▲つい(に)
率		ソツ リツ	ひき(いる)	シュツ スイ ▲おおむ(ね) わりあい したが(う) かしら
存		ソン ゾン		たも(つ) あ(る) ながら(える) と(う)
村		ソン	むら	
孫		ソン	まご	
尊	尊	ソン	たっと(い) とうと(い) たっと(ぶ) とうと(ぶ)	みこと
損		ソン	そこ(なう) そこ(ねる)	へ(る)

漢字	旧字体	音読み	訓読み	表外読み
〔遜〕遜		ソン		のが（れる） ゆず（る） へりくだ（る） おと（る）
他		タ	ほか	
多		タ	おお（い）	
汰		タ		タイ よな（げる） にご（る） おご（る）
打		ダ	う（つ）	チョウ テイ ぶ（つ） ダース
妥		ダ		タ やす（らか） おだ（やか）
唾		ダ	つば	タ
堕	墮	ダ		お（ちる） ▲こぼ（つ）

漢字	旧字体	音読み	訓読み	表外読み
惰		ダ		タ おこた（る）
駄		ダ		タ の（せる）
太		タイ タ	ふと（い） ふと（る）	ダイ はなは（だ）
対	對	タイ ツイ		む（かう） そろ（い） つれあい こた（える）
体	體	タイ テイ	からだ	
耐		タイ	た（える）	
待		タイ	ま（つ）	もてな（す）
怠		タイ	おこた（る） なま（ける）	▲だる（い）
胎		タイ		はら（む）

漢字	旧字体	音読み	訓読み	表外読み
退		タイ	しりぞ（く） しりぞ（ける）	の（く） の（ける） すさ（る） しさ（る） ひ（く）
帯	帶	タイ	お（びる） おび	
泰		タイ		やす（い） やす（らか） おご（る）
堆		タイ		ツイ うずたか（い）
袋		タイ	ふくろ	テイ
逮		タイ		およ（ぶ） とら（える）
替		タイ	か（える） か（わる）	テイ
貸		タイ	か（す）	

漢字	旧字体	音読み	訓読み	表外読み
隊	隊	タイ		ツイ お(ちる) くみ
滞	滯	タイ	とどこお(る)	
態		タイ		テイ さま わざ(と)
戴		タイ		いただ(く)
大		ダイ タイ	おお おお(きい) おお(いに)	タ ダ
代		ダイ タイ	か(わる) か(える) よ しろ	
台	臺	ダイ タイ		うてな しもべ
第		ダイ		テイ つい(で) やしき
題		ダイ		テイ

漢字	旧字体	音読み	訓読み	表外読み
滝	瀧		たき	ロウ
宅		タク		いえ やけ
択	擇	タク		えら(ぶ) ▲よ(る)
沢	澤	タク	さわ	うるお(う) つや
卓		タク		▲シツ つくえ すぐ(れる)
拓		タク		ひら(く)
託		タク		ことづ(かる) かこつ(ける) かこ(つ)
濯		タク		すす(ぐ) あら(う)
諾		ダク		うべな(う)

漢字	旧字体	音読み	訓読み	表外読み
濁		ダク	にご(る) にご(す)	ジョク
但			ただ(し)	タン ダン ▲ただ
達		タツ		タチ ダチ とお(る) とど(く) ▲たし たち
脱	脫	ダツ	ぬ(ぐ) ぬ(げる)	タツ
奪		ダツ	うば(う)	タツ
棚	棚		たな	ホウ
誰			だれ	スイ たれ た
丹		タン		に あか まごころ

漢字	旧字体	音読み	訓読み	表外読み
旦		タン ダン		あした
担	擔	タン	かつ(ぐ) にな(う)	
単	單	タン		ゼン ひと(つ) ひとえ
炭		タン	すみ	
胆	膽	タン		トウ きも
探		タン	さぐ(る) さが(す)	
淡		タン	あわ(い)	うす(い)
短		タン	みじか(い)	
嘆	嘆	タン	なげ(く) なげ(かわしい)	

漢字	旧字体	音読み	訓読み	表外読み
端		タン	はし は はた	ただ(しい) はじ(め) はな ▲はした
綻		タン	ほころ(びる)	
誕	誕	タン		う(まれる) いつわ(る) ほしいまま
鍛		タン	きた(える)	
団	團	ダン トン		タン まる(い) かたまり
男		ダン ナン	おとこ	おのこ
段		ダン		タン きざはし
断	斷	ダン	た(つ) ことわ(る)	さだ(める)
弾	彈	ダン	ひ(く) はず(む) たま	はず(み) はじ(く) はじ(ける) ただ(す)

漢字	旧字体	音読み	訓読み	表外読み
暖	暖	ダン	あたた(か) あたた(かい) あたた(まる) あたた(める)	ノン
談		ダン		タン かた(る)
壇		ダン タン		
地		チ ジ		つち ところ
池		チ	いけ	
知		チ	し(る)	し(らせる)
値		チ	ね あたい	チョク あ(う)
恥		チ	は(じる) はじ は(じらう) は(ずかしい)	
致		チ	いた(す)	

漢字	旧字体	音読み	訓読み	表外読み
遅	遲	チ	おく(れる) おく(らす) おそ(い)	
痴	癡	チ		おろ(か) ▲し(れる) ▲おこ
稚		チ		わか(い) いとけな(い)
置		チ	お(く)	
緻		チ		▲こま(かい) ▲くわ(しい)
竹		チク	たけ	
畜		チク		キク か(う) やしな(う) たくわ(える)
逐		チク		ジク お(う)
蓄		チク	たくわ(える)	

漢字	旧字体	音読み	訓読み	表外読み
築	築	チク	きず(く)	つ(く)
秩		チツ		つい(で) ふち
窒		チツ		ふさ(がる)
茶		チャ サ		
着		チャク ジャク	き(る) き(せる) つ(く) つ(ける)	
嫡		チャク		テキ よつぎ
中		チュウ ジュウ	なか	あ(たる) あ(てる)
仲		チュウ	なか	
虫	蟲	チュウ	むし	

漢字	旧字体	音読み	訓読み	表外読み
沖		チュウ	おき	むな(しい) と(ぶ)
宙		チュウ		そら
忠		チュウ		まごころ
抽		チュウ		ひ(く) ぬ(く)
注		チュウ	そそ(ぐ)	つ(ぐ) さ(す)
昼	晝	チュウ	ひる	
柱		チュウ	はしら	
衷		チュウ		うち こころ まこと
酎		チュウ		

漢字	旧字体	音読み	訓読み	表外読み
鋳	鑄	チュウ	い(る)	シュ
駐		チュウ		チュ とど(まる)
著	著	チョ	あらわ(す) いちじる(しい)	チャク ジャク つ(く) き(る)
貯		チョ		たくわ(える)
丁		チョウ テイ		トウ あ(たる) わかもの ひのと
弔		チョウ	とむら(う)	
庁	廳	チョウ		テイ つかさ
兆		チョウ	きざ(す) きざ(し)	ジョウ うらな(い)
町		チョウ	まち	テイ あぜみち

漢字	旧字体	音読み	訓読み	表外読み
長		チョウ	なが(い)	ジョウ おさ た(ける)
挑		チョウ	いど(む)	
帳		チョウ		とばり
張		チョウ	は(る)	
彫		チョウ	ほ(る)	
眺		チョウ	なが(める)	
釣	釣	チョウ	つ(る)	
頂		チョウ	いただ(く) いただき	テイ
鳥		チョウ	とり	

漢字	旧字体	音読み	訓読み	表外読み
朝		チョウ	あさ	あした
貼		チョウ	は(る)	テン つ(ける)
超		チョウ	こ(える) こ(す)	
腸		チョウ		はらわた ▲わた
跳		チョウ	は(ねる) と(ぶ)	▲おど(る)
徴	徵	チョウ		チ しるし め(す)
〔嘲〕嘲		チョウ	あざけ(る)	▲トウ ▲からか(う)
潮		チョウ	しお	うしお

漢字	旧字体	音読み	訓読み	表外読み
澄		チョウ	す(む) す(ます)	
調	調	チョウ	しら(べる) ととの(う) ととの(える)	やわら(ぐ) みつぎ あざけ(る)
聴	聽	チョウ	き(く)	テイ ゆる(す)
懲	懲	チョウ	こ(りる) こ(らす) こ(らしめる)	
直		チョク ジキ	ただ(ちに) なお(す) なお(る)	チ すぐ ひた あたい じか
勅	敕	チョク		みことのり
捗〔捗〕		チョク		はかど(る)

漢字	旧字体	音読み	訓読み	表外読み
沈		チン	しず(む) しず(める)	ジン
珍		チン	めずら(しい)	
朕		チン		われ きざ(し)
陳		チン		ジン の(べる) つら(ねる) ふる(い) ▲ひ(ねる)
賃		チン		ジン やと(う)
鎮	鎭	チン	しず(める) しず(まる)	おさ(え)
追		ツイ	お(う)	
椎		ツイ		スイ しい つち せぼね う(つ) おろ(か)

漢字	旧字体	音読み	訓読み	表外読み
墜	墜	ツイ		お(ちる)
通		ツウ ツ	とお(る) とお(す) かよ(う)	
痛		ツウ	いた(い) いた(む) いた(める)	トウ ▲や(める) いた(わしい)
塚	塚		つか	チョウ
漬			つ(ける) つ(かる)	シ
坪	坪		つぼ	ヘイ
爪			つめ つま	ソウ
鶴			つる	カク しろ(い)
低		テイ	ひく(い) ひく(める) ひく(まる)	た(れる)

漢字	旧字体	音読み	訓読み	表外読み
呈		テイ		しめ(す)
廷		テイ		にわ
弟		テイ ダイ デ	おとうと	
定		テイ ジョウ	さだ(める) さだ(まる) さだ(か)	き(まる)
底		テイ	そこ	
抵		テイ		▲シ あ(たる) ふ(れる) さか(らう) ▲う(つ)
邸		テイ		やしき
亭		テイ		チン あずまや
貞		テイ		ジョウ ただ(しい)

漢字	旧字体	音読み	訓読み	表外読み
帝		テイ		▲タイ みかど
訂		テイ		ただ(す) さだ(める)
庭		テイ	にわ	
逓	遞	テイ		たが(いに) か(わる)
停		テイ		と(まる) とど(まる)
偵		テイ		うかが(う)
堤		テイ	つつみ	
提		テイ	さ(げる)	ダイ チョウ ひっさ(げる) ▲ひさげ
程	程	テイ	ほど	のり

漢字	旧字体	音読み	訓読み	表外読み
艇		テイ		こぶね
締		テイ	し(まる) し(める)	むす(ぶ)
諦		テイ	あきら(める)	タイ つまび(らか) まこと
泥		デイ	どろ	なず(む)
的		テキ	まと	あき(らか)
笛		テキ	ふえ	ジャク
摘		テキ	つ(む)	つま(む)
滴		テキ	しずく したた(る)	た(れる)
適		テキ		セキ ゆ(く) かな(う) たまたま

漢字	旧字体	音読み	訓読み	表外読み
敵		テキ	かたき	あだ かな(う)
〔溺〕溺		デキ	おぼ(れる)	ニョウ ジョウ ゆばり いばり
迭		テツ		たが(いに) か(わる)
哲		テツ		さと(い) あき(らか)
鉄	鐵	テツ		くろがね ▲かね
徹		テツ		とお(る) つらぬ(く)
撤		テツ		す(てる)
天		テン	あめ あま	そら

漢字	旧字体	音読み	訓読み	表外読み
典		テン		ふみ のり
店		テン	みせ	たな
点	點	テン		とぼ(る) とも(る) ▲つ(ける) た(てる)
展		テン		つら(ねる) の(べる) ▲ひろ(げる)
添		テン	そ(える) そ(う)	
転	轉	テン	ころ(がる) ころ(げる) ころ(がす) ころ(ぶ)	まろ(ぶ) ▲こ(ける) うた(た) うつ(る) ▲くるり
〔填〕塡		テン		ふさ(ぐ) ふさ(がる) うず(める) うず(まる) は(める)

漢字	旧字体	音読み	訓読み	表外読み
田		デン	た	か(る) か(り)
伝	傳	デン	つた(わる) つた(える) つた(う)	つて
殿		デン テン	との どの	しんがり
電		デン		テン いなずま
斗		ト		トウ ます ひしゃく
吐		ト	は(く)	つ(く) ▲ぬ(かす)
妬		ト	ねた(む)	そね(む) や(く)
徒		ト		ズ かち いたずら(に) ともがら あだ ▲ただ ▲むだ

漢字	旧字体	音読み	訓読み	表外読み
途		ト		ズ、みち
都	都	ト、ツ	みやこ	すべ(て)
渡		ト	わた(る)、わた(す)	
塗		ト	ぬ(る)	どろ、まみ(れる)、▲まぶ(す)、みち
〔賭〕賭		ト	か(ける)	かけ
土		ド、ト	つち	
奴		ド		ヌ、やつ、やっこ
努		ド	つと(める)	ゆめ

漢字	旧字体	音読み	訓読み	表外読み
度		ド、ト、タク	たび	はか(る)、めもり、のり、わた(る)
怒		ド	いか(る)、おこ(る)	ヌ
刀		トウ	かたな	
冬		トウ	ふゆ	
灯	燈	トウ	ひ	チョウ、テイ、ドン、チン、ともしび、▲あかし、▲あかり、とぼ(す)、とも(す)、とぼし、ともし
当	當	トウ	あ(たる)、あ(てる)	まさ(に)…(べし)
投		トウ	な(げる)	

漢字	旧字体	音読み	訓読み	表外読み
豆		トウ、ズ	まめ	たかつき
東		トウ	ひがし	あずま
到		トウ		いた(る)
逃		トウ	に(げる)、に(がす)、のが(す)、のが(れる)	
倒		トウ	たお(れる)、たお(す)	さかさま、▲こ(ける)
凍		トウ	こお(る)、こご(える)	い(てる)、し(みる)
唐		トウ	から	もろこし
島		トウ	しま	
桃		トウ	もも	

漢字	旧字体	音読み	訓読み	表外読み
討		トウ	う(つ)	たず(ねる)
透		トウ	す(く) す(かす) す(ける)	とお(る)
党	黨	トウ		なかま むら
悼		トウ	いた(む)	
盗	盜	トウ	ぬす(む)	▲と(る)
陶		トウ		ヨウ すえ
塔		トウ		
搭		トウ		の(る) の(せる)
棟		トウ	むね むな	かしら

漢字	旧字体	音読み	訓読み	表外読み
湯		トウ	ゆ	ショウ
痘		トウ		もがさ
登		トウ ト	のぼ(る)	
答		トウ	こた(える) こた(え)	
等		トウ	ひと(しい)	など ら
筒		トウ	つつ	
統		トウ	す(べる)	すじ おさ(める)
稲	稻	トウ	いね いな	
踏		トウ	ふ(む) ふ(まえる)	

漢字	旧字体	音読み	訓読み	表外読み
糖		トウ		あめ
頭		トウ ズ ト	あたま かしら	ジュウ こうべ ▲かぶり ほとり
謄	謄	トウ		うつ(す)
藤		トウ	ふじ	
闘	鬪	トウ	たたか(う)	
騰	騰	トウ		あ(がる) のぼ(る)
同		ドウ	おな(じ)	トウ とも(に)
洞		ドウ	ほら	トウ つらぬ(く) ふか(い) うつろ ▲うろ

漢字	旧字体	音読み	訓読み	表外読み
胴		ドウ		トウ
動		ドウ	うご(く) うご(かす)	トウ やや(もすれば)
堂		ドウ		トウ ざしき たかどの
童		ドウ	わらべ	トウ ▲わらわ は(げる)
道		ドウ トウ	みち	い(う)
働		ドウ	はたら(く)	
銅		ドウ		あかがね
導	導	ドウ	みちび(く)	▲しるべ
瞳		ドウ	ひとみ	トウ くら(い)

漢字	旧字体	音読み	訓読み	表外読み
峠			とうげ	
匿		トク		ジョク かく(れる) かくま(う)
特		トク		ドク おうし ▲ひと(り) ▲ひと(つ) とりわ(け)
得		トク	え(る) う(る)	
督		トク		み(る) ただ(す) うなが(す) ひき(いる) かしら
徳	德	トク		
篤		トク		あつ(い)

漢字	旧字体	音読み	訓読み	表外読み
毒		ドク		そこ(なう) わる(い)
独	獨	ドク	ひと(り)	トク
読	讀	ドク トク トウ	よ(む)	
栃			とち	
凸		トツ		でこ
突	突	トツ	つ(く)	
届	屆		とど(ける) とど(く)	カイ
屯		トン		チュン なや(む) たむろ
豚		トン	ぶた	

漢字	旧字体	音読み	訓読み	表外読み
頓		トン		トツ ぬか(ずく) とど(まる) つまず(く) とみ(に) くる(しむ) つか(れる) ひたぶる
貪		ドン	むさぼ(る)	▲タン ▲よくば(り)
鈍		ドン	にぶ(い) にぶ(る)	トン なま(る) にび ▲のろ(い)
曇		ドン	くも(る)	タン
丼			どんぶり どん	▲タン ▲トン
那		ナ		ダ なん(ぞ) いかん(ぞ) なに
奈		ナ		ダイ ナイ なん(ぞ) いかん いかん(ぞ)

漢字	旧字体	音読み	訓読み	表外読み
内	內	ナイ ダイ	うち	ドウ ノウ い(る)
梨			なし	リ
謎〔謎〕			なぞ	ベイ メイ
鍋			なべ	カ
南		ナン ナ	みなみ	ダン
軟		ナン	やわ(らか) やわ(らかい)	ゼン ネン
難	難	ナン	かた(い) むずか(しい)	ダン ▲にく(い)
二		ニ	ふた ふた(つ)	ジ

漢字	旧字体	音読み	訓読み	表外読み
尼		ニ	あま	ジ
弐	貳	ニ		ジ ふた ふた(つ)
匂			にお(う)	
肉		ニク		ジク しし
虹			にじ	コウ はし
日		ニチ ジツ	ひ か	
入		ニュウ	い(る) い(れる) はい(る)	ジュ ジュウ しお
乳	乳	ニュウ	ちち ち	ジュ ニュ
尿		ニョウ		ゆばり いばり ▲しと

常用
二とおりの読み
注意すべき読み
準1級
字体の違いとデザイン
旧字体
国字

漢字	旧字体	音読み	訓読み	表外読み
任		ニン	まか(せる) まか(す)	ジン
妊		ニン		ジン はら(む) みごも(る)
忍	忍	ニン	しの(ぶ) しの(ばせる)	ジン むご(い)
認		ニン	みと(める)	ジン したた(める)
寧		ネイ		デイ ニョウ やす(い) ねんご(ろ) むし(ろ) いずく(んぞ) なん(ぞ)
熱		ネツ	あつ(い)	ほて(る) ▲いき(る) ▲ほとぼり
年		ネン	とし	とせ
念		ネン		おも(う)

漢字	旧字体	音読み	訓読み	表外読み
捻		ネン		デン ひね(る) ねじ(る) よじ(る)
粘		ネン	ねば(る)	▲デン
燃		ネン	も(える) も(やす) も(す)	ゼン
悩	惱	ノウ	なや(む) なや(ます)	ドウ
納		ノウ ナッ ナ ナン トウ	おさ(める) おさ(まる)	い(れる)
能		ノウ		ドウ あた(う) よ(く) よ(くする) はたら(き) わざ
脳	腦	ノウ		ドウ

漢字	旧字体	音読み	訓読み	表外読み
農		ノウ		ドウ たがや(す)
濃		ノウ	こ(い)	ジョウ こま(やか)
把		ハ		と(る) にぎ(る)
波		ハ	なみ	
派		ハ		ハイ わ(かれる) つか(わす)
破		ハ	やぶ(る) やぶ(れる)	わ(れる)
覇		ハ		はたがしら
馬		バ	うま ま	マ メ
婆		バ		ばば

漢字	旧字体	音読み	訓読み	表外読み
罵		バ	ののし(る)	
拝	拜	ハイ	おが(む)	
杯		ハイ	さかずき	
背		ハイ	せ せい そむ(く) そむ(ける)	うしろ
肺		ハイ		
俳		ハイ		わざおぎ たわむ(れ)
配		ハイ	くば(る)	なら(ぶ) つれあい なが(す)
排		ハイ		おしの(ける) つら(ねる)
敗		ハイ	やぶ(れる)	やぶ(る)

漢字	旧字体	音読み	訓読み	表外読み
廃	廢	ハイ	すた(れる) すた(る)	や(める)
輩		ハイ		ともがら やから つい(で)
売	賣	バイ	う(る) う(れる)	
倍		バイ		ハイ そむ(く) ま(す)
梅	梅	バイ	うめ	
培		バイ	つちか(う)	ハイ ホウ おか
陪		バイ		したが(う)
媒		バイ		なかだち
買		バイ	か(う)	

漢字	旧字体	音読み	訓読み	表外読み
賠		バイ		つぐな(う)
白		ハク ビャク	しろ しら しろ(い)	あき(らか) もう(す) せりふ
伯		ハク		ハ おさ かしら はたがしら
拍		ハク ヒョウ		う(つ)
泊		ハク	と(まる) と(める)	
迫		ハク	せま(る)	▲せ(る)
〔剥〕剝		ハク	は(がす) は(ぐ) は(がれる) は(げる)	ホク む(く) と(る)
舶		ハク		おおぶね

漢字	旧字体	音読み	訓読み	表外読み
博		ハク バク		ひろ(い)
薄		ハク	うす(い) うす(める) うす(まる) うす(らぐ) うす(れる)	せま(る) すすき
麦	麥	バク	むぎ	
漠		バク		マク すなはら ひろ(い)
縛		バク	しば(る)	ハク ▲いまし(める)
爆		バク		ハク ホウ は(ぜる) さ(ける)
箱			はこ	ショウ ソウ
〔箸〕箸			はし	チョ

漢字	旧字体	音読み	訓読み	表外読み
畑			はた はたけ	
肌			はだ	キ ▲はだえ
八		ハチ	や や(つ) やっ(つ) よう	
鉢		ハチ ハツ		
発	發	ハツ ホツ		▲はな(つ) た(つ) ひら(く) あば(く)
髪	髮	ハツ	かみ	ホツ
伐		バツ		ハツ う(つ) き(る) ほこ(る)
抜	拔	バツ	ぬ(く) ぬ(ける) ぬ(かす) ぬ(かる)	
罰		バツ バチ		ハツ

漢字	旧字体	音読み	訓読み	表外読み
閥		バツ		ハツ いえがら いさお
反		ハン ホン タン	そ(る) そ(らす)	かえ(す) かえ(る) そむ(く)
半	半	ハン	なか(ば)	
氾		ハン		ひろ(がる) あふ(れる)
犯		ハン	おか(す)	ボン
帆		ハン	ほ	
汎		ハン		フウ ホウ ひろ(い) あふ(れる) う(かぶ)
伴	伴	ハン バン	ともな(う)	とも

漢字	旧字体	音読み	訓読み	表外読み
判	判	ハン バン		ホウ わ(ける) わか(る)
坂		ハン	さか	バン
阪		ハン		さか
板		ハン バン	いた	
版		ハン		いた ふだ
班		ハン		わ(ける) かえ(す)
畔	畔	ハン		あぜ くろ ほとり そむ(く)
般		ハン		めぐ(る) たぐい
販		ハン		あきな(う) ▲ひさ(ぐ)
斑		ハン		まだら ふ ぶち
飯		ハン	めし	いい まま
搬		ハン		はこ(ぶ)
煩		ハン ボン	わずら(う) わずら(わす)	うるさ(い)
頒		ハン		わ(ける) し(く) まだら
範		ハン		いがた のり さかい
繁	繁	ハン		わずら(わしい) しげ(る)
藩		ハン		まがき
晩	晚	バン		く(れ) おそ(い)
番		バン		ハ ハン つが(い) つが(う) つが(える)
蛮	蠻	バン		えびす
盤		バン		ハン おおざら めぐ(る) ま(がる) わだかま(る)
比		ヒ	くら(べる)	なら(ぶ) ころ たぐい
皮		ヒ	かわ	
妃		ヒ		きさき
否		ヒ	いな	フ ▲いや わる(い)

漢字	旧字体	音読み	訓読み	表外読み
批		ヒ		う(つ) ただ(す)
彼		ヒ	かれ かの	
披		ヒ		ひら(く)
肥		ヒ	こ(える) こえ こ(やす) こ(やし)	ふと(る)
非		ヒ		わる(い) あら(ず) そし(る)
卑	卑	ヒ	いや(しい) いや(しむ) いや(しめる)	ひく(い)
飛		ヒ	と(ぶ) と(ばす)	たか(い)
疲		ヒ	つか(れる)	
秘	祕	ヒ	ひ(める)	ひそ(か) かく(す)

漢字	旧字体	音読み	訓読み	表外読み
被		ヒ	こうむ(る)	おお(う) かぶ(る) かぶ(せる) ▲かず(ける)
悲		ヒ	かな(しい) かな(しむ)	
扉	扉	ヒ	とびら	
費		ヒ	つい(やす) つい(える)	
碑	碑	ヒ		いしぶみ
罷		ヒ		や(める) つか(れる) まか(る)
避		ヒ	さ(ける)	よ(ける)
尾		ビ	お	
眉		ビ ミ	まゆ	ふち としよ(り)

漢字	旧字体	音読み	訓読み	表外読み
美		ビ	うつく(しい)	ミ よ(い) ほ(める)
備		ビ	そな(える) そな(わる)	ヒ ▲つぶさ(に)
微		ビ		ミ かす(か)
鼻		ビ	はな	はじ(め)
膝			ひざ	シツ
肘			ひじ	チュウ
匹		ヒツ	ひき	たぐ(う) いや(しい)
必		ヒツ	かなら(ず)	
泌		ヒツ ヒ		にじ(む)

漢字	旧字体	音読み	訓読み	表外読み
筆		ヒツ	ふで	
姫	姬		ひめ	キ
百		ヒャク		ハク もも
氷		ヒョウ	こおり ひ	こお(る)
表		ヒョウ	おもて あらわ(す) あらわ(れる)	しるし
俵		ヒョウ	たわら	
票		ヒョウ		ふだ
評	評	ヒョウ		ヘイ はか(る) あげつら(う)
漂		ヒョウ	ただよ(う)	さら(す)

漢字	旧字体	音読み	訓読み	表外読み
標		ヒョウ		こずえ しるし ▲しる(す) ▲しるべ しめ
苗		ビョウ	なえ なわ	ミョウ か(り)
秒		ビョウ		のぎ
病		ビョウ ヘイ	や(む) やまい	
描		ビョウ	えが(く) か(く)	
猫		ビョウ	ねこ	ミョウ
品		ヒン	しな	ホン
浜	濱	ヒン	はま	
貧		ヒン ビン	まず(しい)	

漢字	旧字体	音読み	訓読み	表外読み
賓	賓	ヒン		まろうど したが(う)
頻	頻	ヒン		ビン しき(りに) ▲しき(る)
敏	敏	ビン		さと(い) と(し)
瓶	甁	ビン		ヘイ かめ
不		フ ブ		…ず
夫		フ フウ	おっと	ブ おとこ ▲それ
父		フ	ちち	ホ
付		フ	つ(ける) つ(く)	あた(える)
布		フ	ぬの	ホ し(く)

漢字	旧字体	音読み	訓読み	表外読み
扶		フ		たす(ける)
府		フ		くら みやこ
怖		フ	こわ(い)	お(じける) おそ(れる)
阜		フ		おか ゆた(か)
附		フ		ブ つ(く) つ(ける)
訃		フ		▲つ(げる) ▲し(らせ)
負		フ	ま(ける) ま(かす) お(う)	ブ フウ たの(む) そむ(く)
赴		フ	おもむ(く)	つ(げる)
浮	浮	フ	う(く) う(かれる) う(かぶ) う(かべる)	ブ フウ

漢字	旧字体	音読み	訓読み	表外読み
婦	婦	フ		おんな
符		フ		わりふ
富		フ フウ	と(む) とみ	
普		フ		あまね(く)
腐		フ	くさ(る) くさ(れる) くさ(らす)	ふる(い) ▲くさ(す)
敷		フ	し(く)	
膚		フ		はだ ▲はだえ うわべ
賦		フ		みつぎ わか(つ)
譜		フ		しる(す) つづ(く)

漢字	旧字体	音読み	訓読み	表外読み
侮	侮	ブ	あなど(る)	
武		ブ ム		たけ(し) もののふ たたか(い)
部		ブ		ホ ホウ わ(ける) す(べる) つかさ くみ べ
舞	舞	ブ	ま(う) まい	ム もてあそ(ぶ)
封		フウ ホウ		と(じる) さかい ポンド
風		フウ フ	かぜ かざ	ならわし すがた ▲ふり
伏		フク	ふ(せる) ふ(す)	ブク かく(れる) したが(う)
服		フク		き(る) きもの したが(う) の(む)

漢字	旧字体	音読み	訓読み	表外読み
副		フク		フウ そ(う)
幅		フク	はば	
復		フク		かえ(る) かえ(す) また ふたた(び)
福		フク		さいわ(い)
腹		フク	はら	こころ かんが(え)
複		フク		かさ(ねる)
覆		フク	おお(う) くつがえ(す) くつがえ(る)	フ フウ
払	拂	フツ	はら(う)	
沸		フツ	わ(く) わ(かす)	ヒ ▲た(てる) ▲にえ

漢字	旧字体	音読み	訓読み	表外読み
仏	佛	ブツ	ほとけ	フツ
物		ブツ モツ	もの	
粉		フン	こ こな	デシメートル
紛		フン	まぎ(れる) まぎ(らす) まぎ(らわす) まぎ(らわしい)	みだ(れる) ▲まが(う) ▲まぐ(れ)
雰		フン		きり
噴	噴	フン	ふ(く)	ホン は(く)
墳	墳	フン		はか
憤	憤	フン	いきどお(る)	▲むずか(る)
奮		フン	ふる(う)	

漢字	旧字体	音読み	訓読み	表外読み
分		ブン フン ブ	わ(ける) わ(かれる) わ(かる) わ(かつ)	
文		ブン モン	ふみ	あや かざ(る)
聞		ブン モン	き(く) き(こえる)	
丙		ヘイ		ひのえ
平	平	ヘイ ビョウ	たい(ら) ひら	ヒョウ
兵		ヘイ ヒョウ		つわもの いくさ
併	倂	ヘイ	あわ(せる)	なら(ぶ) しか(し)
並	竝	ヘイ	なみ なら(べる) なら(ぶ) なら(びに)	
柄		ヘイ	がら え	つか いきお(い)

漢字	旧字体	音読み	訓読み	表外読み
陛		ヘイ		きざはし
閉		ヘイ	と(じる) と(ざす) し(める) し(まる)	▲た(てる)
塀	塀	ヘイ		
幣	幣	ヘイ		ぬさ ▲みてぐら ぜに
弊	弊	ヘイ		やぶ(れる) ▲つい(える) つか(れる)
〔蔽〕蔽		ヘイ		おお(う) おお(い) さだ(める) くら(い)
〔餠〕餅	餠	ヘイ	もち	

漢字	旧字体	音読み	訓読み	表外読み
米		ベイ マイ	こめ	メ よね メートル
壁		ヘキ	かべ	がけ
璧		ヘキ		▲たま
癖		ヘキ	くせ	
別		ベツ	わか(れる)	ベチ わ(ける) わか(つ)
蔑		ベツ	さげす(む)	ないがし(ろ) なみ(する) ちい(さい) くら(い)
片		ヘン	かた	きれ ▲ひら わず(か) ペンス
辺	邊	ヘン	あた(り) べ	ほとり
返		ヘン	かえ(す) かえ(る)	ハン ホン

漢字	旧字体	音読み	訓読み	表外読み
変	變	ヘン	か(わる) か(える)	
偏	偏	ヘン	かたよ(る)	ひとえ(に)
遍	遍	ヘン		あまね(く)
編	編	ヘン	あ(む)	とじいと ふみ
弁	辨 辯 瓣	ベン		わ(ける) わきま(える) と(く) かた(る) はなびら
便		ベン ビン	たよ(り)	くつろ(ぐ) つい(で) ▲よすが いばり ▲すなわ(ち) へつら(う)
勉	勉	ベン		つと(める)

漢字	旧字体	音読み	訓読み	表外読み
歩	步	ホ ブ フ	ある（く） あゆ（む）	
保		ホ	たも（つ）	ホウ ▲も（つ） やす（んじる）
哺		ホ		▲ふく（む） ▲はぐく（む）
捕		ホ	と（らえる） と（らわれる） と（る） つか（まえる） つか（まる）	ブ
補		ホ	おぎな（う）	フ たす（ける） さず（ける）
舗	鋪	ホ		フ みせ し（く）
母		ボ	はは	ボウ モ
募		ボ	つの（る）	モ
墓		ボ	はか	

漢字	旧字体	音読み	訓読み	表外読み
慕		ボ	した（う）	しの（ぶ）
暮		ボ	く（れる） く（らす）	
簿		ボ		ホ たけふだ とじもの
方		ホウ	かた	かく ただ（しい） まさ（に）
包	包	ホウ	つつ（む）	▲くる（む）
芳		ホウ	かんば（しい）	かお（り） かぐわ（しい）
邦		ホウ		くに
奉		ホウ ブ	たてまつ（る）	▲まつ（る） うけたまわ（る）
宝	寶	ホウ	たから	

漢字	旧字体	音読み	訓読み	表外読み
抱	抱	ホウ	だ（く） いだ（く） かか（える）	
放		ホウ	はな（す） はな（つ） はな（れる） ほう（る）	ほしいまま まか（す） ゆる（す） ひ（る） ▲こ（く） ▲さ（く）
法		ホウ ハッ ホッ		のり のっと（る） フラン
泡	泡	ホウ	あわ	▲あぶく
胞	胞	ホウ		はら
俸		ホウ		ふち
倣		ホウ	なら（う）	
峰		ホウ	みね	フ

漢字	旧字体	音読み	訓読み	表外読み
砲	砲	ホウ		おおづつ ▲つつ
崩	崩	ホウ	くず(れる) くず(す)	
訪		ホウ	おとず(れる) たず(ねる)	と(う) ▲おとな(う)
報		ホウ	むく(いる)	しら(せる)
蜂		ホウ	はち	むら(がる)
豊	豐	ホウ	ゆた(か)	とよ
飽	飽	ホウ	あ(きる) あ(かす)	
褒	襃	ホウ	ほ(める)	
縫		ホウ	ぬ(う)	

漢字	旧字体	音読み	訓読み	表外読み
亡		ボウ モウ	な(い)	ム ブ に(げる) ほろ(びる) うしな(う)
乏		ボウ	とぼ(しい)	ホウ
忙		ボウ	いそが(しい)	モウ せわ(しい)
坊		ボウ ボッ		ホウ まち へや
妨		ボウ	さまた(げる)	ホウ
忘		ボウ	わす(れる)	モウ
防		ボウ	ふせ(ぐ)	ホウ まも(る)
房	房	ボウ	ふさ	ホウ へや いえ
肪		ボウ		ホウ あぶら

漢字	旧字体	音読み	訓読み	表外読み
某		ボウ		それがし なにがし
冒	冐	ボウ	おか(す)	ボク モウ おお(う) むさぼ(る) ねた(む)
剖		ボウ		ホウ わ(ける) さ(く)
紡		ボウ	つむ(ぐ)	ホウ
望		ボウ モウ	のぞ(む)	もち うら(む)
傍		ボウ	かたわ(ら)	ホウ そば ▲はた ▲わき そ(う)
帽	帽	ボウ		

漢字	旧字体	音読み	訓読み	表外読み
棒		ボウ		ホウ
貿		ボウ		あきな(う)
貌		ボウ		かたち すがた
暴		ボウ バク	あば(く) あば(れる)	あら(い) う(つ) にわ(か) さら(す) あら(わす)
膨		ボウ	ふく(らむ) ふく(れる)	ホウ ▲ふく(よか)
謀		ボウ ム	はか(る)	はかりごと
〔頰〕頬			ほお	キョウ

漢字	旧字体	音読み	訓読み	表外読み
北		ホク	きた	そむ(く) に(げる)
木		ボク モク	き こ	
朴		ボク		ハク ほお すなお ▲むち ▲むちう(つ)
牧		ボク	まき	モク か(う) やしな(う) つかさ
睦		ボク		モク むつ(ぶ) むつ(む) むつ(まじい)
僕		ボク		しもべ ▲やつがれ
墨	墨	ボク	すみ	モク むさぼ(る)
撲		ボク		ホク う(つ) なぐ(る) ▲は(る)

漢字	旧字体	音読み	訓読み	表外読み
没	沒	ボツ		モツ もぐ(る) しず(む) おぼ(れる) し(ぬ) な(い)
勃		ボツ		ホツ にわ(かに) お(こる)
堀			ほり	クツ コツ あな
本		ホン	もと	
奔		ホン		はし(る) に(げる)
翻	翻	ホン	ひるがえ(る) ひるがえ(す)	ハン
凡		ボン ハン		すべ(て) およ(そ) なみ
盆		ボン		ホン はち

漢字	旧字体	音読み	訓読み	表外読み
麻		マ	あさ	バ しび(れる)
摩		マ		す(る) こす(る) さす(る)
磨		マ	みが(く)	バ と(ぐ) す(る)
魔		マ		バ
毎	每	マイ		バイ ごと つね むさぼ(る)
妹		マイ	いもうと	バイ いも
枚		マイ		バイ ひら
昧		マイ		バイ くら(い)
埋		マイ	う(める) う(まる) う(もれる)	うず(もれる) うず(まる) い(ける)

漢字	旧字体	音読み	訓読み	表外読み
幕		マク バク		
膜		マク		バク
枕			まくら	シン チン
又			また	ユウ ふたた(び)
末		マツ バツ	すえ	うら
抹		マツ		バツ す(る) け(す) こな
万	萬	マン バン		よろず
満	滿	マン	み(ちる) み(たす)	バン
慢		マン		バン おこた(る) おご(る) あなど(る)

漢字	旧字体	音読み	訓読み	表外読み
漫		マン		バン みなぎ(る) みだ(りに) そぞ(ろに)
未		ミ		ビ いま(だ) いま(だ)…(ず) ▲ま(だ) ひつじ
味		ミ	あじ あじ(わう)	ビ
魅		ミ		ビ すだま もののけ
岬			みさき	コウ
密		ミツ		ビツ あつ(い) こま(かい) ひそ(かに)
蜜		ミツ		ビツ
脈		ミャク		バク すじ

漢字	旧字体	音読み	訓読み	表外読み
妙		ミョウ		ビョウ わか(い) たえ
民		ミン	たみ	
眠		ミン	ねむ(る) ねむ(い)	▲ベン
矛		ム	ほこ	ボウ
務		ム	つと(める) つと(まる)	ブ あなど(る) あなど(り)
無		ム ブ	な(い)	
夢	夢	ム	ゆめ	ボウ
霧		ム	きり	ブ
娘			むすめ	ジョウ ニョウ ▲こ

漢字	旧字体	音読み	訓読み	表外読み
名		メイ ミョウ	な	
命		メイ ミョウ	いのち	おお(せ) みこと
明		メイ ミョウ	あ(かり) あか(るい) あか(るむ) あか(らむ) あき(らか) あ(ける) あ(く) あ(くる) あ(かす)	ミン
迷		メイ	まよ(う)	まど(う)
冥		メイ ミョウ		くら(い)
盟		メイ		ちか(う)
銘		メイ		ミョウ しる(す)

漢字	旧字体	音読み	訓読み	表外読み
鳴		メイ	な(く) な(る) な(らす)	ミョウ
滅		メツ	ほろ(びる) ほろ(ぼす)	ベツ
免	免	メン	まぬか(れる)	ベン ブン ゆる(す) や(める) う(む)
面		メン	おも おもて つら	ベン も
綿		メン	わた	ベン つら(なる) こま(かい)
麺	麵	メン		ベン むぎこ
茂		モ	しげ(る)	ボウ すぐ(れる)
模		モ ボ		かた のっと(る)
毛		モウ	け	ボウ

漢字	妄	盲	耗	猛	網	目	黙	門	紋
旧字体							默		
音読み	モウ ボウ	モウ	モウ コウ	モウ	モウ	モク ボク	モク	モン	モン
訓読み					あみ	め ま	だま(る)	かど	
表外読み	みだ(りに)	ボウ くら(い)	へ(る) たよ(り)	たけ(し)	ボウ	まなこ かなめ な	ボク ▲もだ(す) ▲だんま(り)	ボン ▲と いえ みうち	ブン あや

漢字	問	冶	夜	野	弥	厄	役
旧字体					彌		
音読み	モン	ヤ	ヤ	ヤ		ヤク	ヤク エキ
訓読み	と(う) と(い) とん		よ よる	の	や		
表外読み	ブン たず(ねる) おとず(れる) たよ(り)	い(る) と(ける) なまめ(かしい)		ショ いなか いや(しい)	ビ ミ おさ(める) ひさ(しい) わた(る) あまね(し) いよいよ いや つくろ(う)	わざわ(い) くる(しむ)	いくさ つと(め)

漢字	約	訳	薬	躍	闇	由	油	喩〔喻〕
旧字体	約	譯	藥					
音読み	ヤク	ヤク	ヤク	ヤク		ユ ユウ ユイ	ユ	ユ
訓読み		わけ	くすり	おど(る)	やみ	よし	あぶら	
表外読み	ちか(う) つづ(める) つづま(やか) ▲つま(しい)	エキ と(く)		テキ	アン くら(い)	よ(る) なお …(ごとし)	ユウ	▲たと(える) ▲さと(す) ▲やわ(らぐ) ▲よろこ(ぶ)

漢字	旧字体	音読み	訓読み	表外読み
愉	愉	ユ		たの(しい) たの(しむ)
諭	諭	ユ	さと(す)	
輸	輸	ユ		シュ おく(る) うつ(す) いた(す) ま(ける)
癒	癒	ユ	い(える) い(やす)	
唯		ユイ イ		ただ
友		ユウ	とも	
有		ユウ ウ	あ(る)	も(つ)
勇		ユウ	いさ(む)	ヨウ つよ(い) いさぎよ(い)

漢字	旧字体	音読み	訓読み	表外読み
幽		ユウ		かす(か) くら(い)
悠		ユウ		とお(い) はる(か)
郵		ユウ		しゅくば
湧		ユウ	わ(く)	ヨウ
猶	猶	ユウ		なお なお…(ごとし)
裕		ユウ		ゆた(か) ひろ(い)
遊		ユウ ユ	あそ(ぶ)	すさ(び) すさ(ぶ)
雄		ユウ	お おす	おん いさま(しい) まさ(る)
誘		ユウ	さそ(う)	いざな(う) おび(く)

漢字	旧字体	音読み	訓読み	表外読み
憂		ユウ	うれ(える) うれ(い) う(い)	
融		ユウ		と(ける) とお(る)
優		ユウ	やさ(しい) すぐ(れる)	ウ わざおぎ やわ(らぐ) ゆた(か) まさ(る)
与	與	ヨ	あた(える)	くみ(する) あずか(る)
予	豫	ヨ		かね(て) あらかじ(め)
余	餘	ヨ	あま(る) あま(す)	ほか
誉	譽	ヨ	ほま(れ)	ほ(める)・
預		ヨ	あず(ける) あず(かる)	あらかじ(め)

漢字	旧字体	音読み	訓読み	表外読み
幼		ヨウ	おさな(い)	ユウ いとけな(い)
用		ヨウ	もち(いる)	はたら(き) ▲もっ(て)
羊		ヨウ	ひつじ	
妖		ヨウ	あや(しい)	なまめ(かしい) わざわ(い)
洋		ヨウ		うみ なだ ひろ(い)
要		ヨウ	かなめ い(る)	もと(める)
容		ヨウ		かたち い(れる) ゆる(す)
庸		ヨウ		もち(いる) つね おろ(か) なん(ぞ)
揚		ヨウ	あ(げる) あ(がる)	

漢字	旧字体	音読み	訓読み	表外読み
揺	搖	ヨウ	ゆ(れる) ゆ(る) ゆ(らぐ) ゆ(るぐ) ゆ(する) ゆ(さぶる) ゆ(すぶる)	
葉		ヨウ	は	ショウ かみ すえ
陽		ヨウ		ひ ひなた いつわ(る)
溶		ヨウ	と(ける) と(かす) と(く)	
腰		ヨウ	こし	
様	樣	ヨウ	さま	
瘍		ヨウ		▲かさ ▲できもの
踊		ヨウ	おど(る) おど(り)	

漢字	旧字体	音読み	訓読み	表外読み
窯		ヨウ	かま	
養		ヨウ	やしな(う)	
擁		ヨウ		いだ(く) だ(く) まも(る)
謡	謠	ヨウ	うたい うた(う)	
曜		ヨウ		かがや(く)
抑		ヨク	おさ(える)	ふさ(ぐ) そもそも
沃		ヨク		オク そそ(ぐ) こ(える)
浴		ヨク	あ(びる) あ(びせる)	ゆあみ
欲		ヨク	ほっ(する) ほ(しい)	

漢字	翌	翼	拉	裸	羅	来	雷	頼
旧字体	翌	翼				來		賴
音読み	ヨク	ヨク	ラ	ラ	ラ	ライ	ライ	ライ
訓読み		つばさ		はだか		く(る) きた(る) きた(す)	かみなり	たの(む) たの(もしい) たよ(る)
表外読み		たす(ける)	▲ラツ ▲ロウ ▲くじ(く) ▲ひし(ぐ) ▲ひしゃ(げる) ▲ひ(く)		あみ うすぎぬ つら(なる)	▲こ(し) ▲き(し)	いかずち	

漢字	絡	落	酪	辣	乱	卵	覧	濫	藍
旧字体					亂		覽		
音読み	ラク	ラク	ラク	ラツ	ラン	ラン	ラン	ラン	ラン
訓読み	から(む) から(まる) から(める)	お(ちる) お(とす)			みだ(れる) みだ(す)	たまご			あい
表外読み	まと(う) つな(ぐ) ▲から(げる)	さと	ちちしる	▲から(い) ▲きび(しい) ▲むご(い) ▲すご(い)	ロン みだ(りに)		み(る)	みだ(れる) みだ(りに) う(かべる)	

漢字	欄	吏	利	里	理	痢	裏	履	璃
旧字体	欄								
音読み	ラン	リ	リ	リ	リ	リ	リ	リ	リ
訓読み			き(く)	さと			うら	は(く)	
表外読み	てすり ▲おばしま おり わく	つかさ	よ(い) するど(い) と(し)	みちのり	すじ ことわり おさ(める)	はらくだし	うち	くつ ふ(む)	

漢字	旧字体	音読み	訓読み	表外読み
離		リ	はな(れる) はな(す)	つ(く) なら(ぶ) かか(る) ▲か(る)
陸		リク		ロク おか くが
立		リツ リュウ	た(つ) た(てる)	リットル
律		リツ リチ		のり のっと(る)
慄		リツ		▲おそ(れる) ▲おのの(く)
略		リャク		おさ(める) はか(る) はかりごと ほぼ はぶ(く) おか(す)
柳		リュウ	やなぎ	
流		リュウ ル	なが(れる) なが(す)	

漢字	旧字体	音読み	訓読み	表外読み
留		リュウ ル	と(める) と(まる)	とど(まる)
竜	龍	リュウ	たつ	リョウ リン
粒		リュウ	つぶ	
隆	隆	リュウ		たか(い) さか(ん)
硫		リュウ		ル
侶		リョ		ロ とも
旅		リョ	たび	ロ いくさ
虜	虜	リョ		ロ とりこ えびす しもべ
慮		リョ		おもんぱか(る)

漢字	旧字体	音読み	訓読み	表外読み
了		リョウ		お(わる) しま(う) さと(る)
両	兩	リョウ		ふた(つ)
良		リョウ	よ(い)	▲やや
料		リョウ		はか(る)
涼		リョウ	すず(しい) すず(む)	うす(い)
猟	獵	リョウ		か(る) か(り)
陵		リョウ	みささぎ	しの(ぐ) おか
量		リョウ	はか(る)	かさ ちから
僚		リョウ		とも つかさ

漢字	旧字体	音読み	訓読み	表外読み
領		リョウ		うなじ えり おさ(める) う(ける) かしら かなめ
寮		リョウ		つかさ
療		リョウ		い(やす)
瞭		リョウ		あき(らか)
糧		リョウ ロウ	かて	
力		リョク リキ	ちから	つと(める) ▲りき(む)
緑	綠	リョク ロク	みどり	
林		リン	はやし	おお(い)

漢字	旧字体	音読み	訓読み	表外読み
厘		リン		
倫		リン		たぐい つい(で) みち
輪		リン	わ	
隣	鄰	リン	とな(る) となり	
臨		リン	のぞ(む)	
瑠		ル		
涙	淚	ルイ	なみだ	
累		ルイ		しば(る) かさ(なる) かさ(ねる) しき(りに) わずら(わす)
塁	壘	ルイ		かさ(ねる) とりで

漢字	旧字体	音読み	訓読み	表外読み
類	類	ルイ	たぐ(い)	たぐい たぐ(える) ▲に(る)
令		レイ		リョウ いいつけ おさ よ(い)
礼	禮	レイ ライ		のり うやま(う)
冷		レイ	つめ(たい) ひ(える) ひ(や) ひ(やす) ひ(やかす) さ(める) さ(ます)	
励	勵	レイ	はげ(む) はげ(ます)	
戻	戾	レイ	もど(す) もど(る)	もと(る) いた(る)
例		レイ	たと(える)	たぐい ためし
鈴		レイ リン	すず	

漢字	旧字体	音読み	訓読み	表外読み
零		レイ		お(ちる) ふ(る) あま(り) ちい(さい) こぼ(れる) ゼロ
霊	靈	レイ リョウ	たま	たましい よ(い)
隷	隸	レイ		したが(う) しもべ
齢	齡	レイ		よわい とし
麗		レイ	うるわ(しい)	リ ▲うら(ら) ▲うら(らか) つら(なる) なら(ぶ) はな(れる)
暦	曆	レキ	こよみ	リャク
歴	歷	レキ		リャク へ(る)

漢字	旧字体	音読み	訓読み	表外読み
列		レツ		つら(なる) つら(ねる) なら(べる)
劣		レツ	おと(る)	いや(しい)
烈		レツ		はげ(しい)
裂		レツ	さ(く) さ(ける)	きれ
恋	戀	レン	こ(う) こい こい(しい)	
連		レン	つら(なる) つら(ねる) つ(れる)	しき(りに)
廉	廉	レン		しら(べる) いさぎよ(い) やす(い) かど
練	練	レン	ね(る)	ねりぎぬ
錬	鍊	レン		ね(る)

漢字	旧字体	音読み	訓読み	表外読み
呂		ロ		リョ
炉	爐	ロ		いろり ひばち
賂		ロ		まいな(う) まいな(い)
路		ロ	じ	みち くるま
露		ロ ロウ	つゆ	あらわ(れる) あらわ
老		ロウ	お(いる) ふ(ける)	
労	勞	ロウ		はたら(く) つか(れる) ねぎら(う) いたわ(る)
弄		ロウ	もてあそ(ぶ)	いじ(くる) いじ(る) いら(う) たわむ(れる) あなど(る)

漢字	旧字体	音読み	訓読み	表外読み
郎	郞	ロウ		おとこ
朗	朗	ロウ	ほが(らか)	あき(らか) たか(らか)
浪		ロウ		ラン なみ みだ(りに)
廊	廊	ロウ		わたどの
楼	樓	ロウ		たかどの やぐら
漏		ロウ	も(る) も(れる) も(らす)	
籠		ロウ	かご こ(もる)	ル
六		ロク	む む(つ) むっ(つ) むい	リク
録	錄	ロク		リョク しる(す)
麓		ロク	ふもと	
論		ロン		あげつら(う) と(く)
和		ワ オ	やわ(らぐ) やわ(らげる) なご(む) なご(やか)	カ あ(える) な(ぐ)
話		ワ	はな(す) はなし	
賄		ワイ	まかな(う)	カイ まいな(う)
脇			わき	キョウ かたわ(ら)
惑		ワク	まど(う)	
枠			わく	
湾	灣	ワン		いりえ
腕		ワン	うで	かいな

二とおりの読み

片仮名は音読み、平仮名は訓読みを示す。

「常用漢字表」（平成22年）本表備考欄による。

漢字	読み	備考
遺	ユイ	「遺言《ゆいごん》」は、「イゴン」とも。
奥	オウ	「奥義《おうぎ》」は、「おくギ」とも。
堪	カン	「堪能《かんのう》」は、「タンノウ」とも。
吉	キチ	「吉日《きちじつ》」は、「キツジツ」とも。
兄	キョウ	「兄弟《きょうだい》」は、「ケイテイ」と読むこともある。
甲	カン	「甲板《かんぱん》」は、「コウハン」とも。
合	ガッ	「合点《がってん》」は、「ガテン」とも。
昆	コン	「昆布《こんぶ》」は、「コブ」とも。
紺	コン	「紺屋《こんや》」は、「コウや」とも。
詩	シ	「詩歌《しか》」は、「シイカ」とも。
七	なの	「七日《なのか》」は、「なぬか」とも。
若	ニャク	「老若《ろうにゃく》」は、「ロウジャク」とも。

漢字	読み	備考
寂	セキ	「寂然《せきぜん》」は、「ジャクネン」とも。
主	ス	「法主《ほっす》」は、「ホウシュ」、「ホッシュ」とも。
十	ジッ	「ジュッ」とも。
緒	チョ	「情緒《じょうちょ》」は、「ジョウショ」とも。
憧	ショウ	「憧憬《しょうけい》」は、「ドウケイ」とも。
数	ス	「人数《にんず》」は、「ニンズウ」とも。
贈	ソウ	「寄贈《きそう》」は、「キゾウ」とも。
側	がわ	「かわ」とも。
唾	つば	「唾《つば》」は、「つばき」とも。
着	ジャク	「愛着《あいじゃく》」、「執着《しゅうじゃく》」は、「アイチャク」、「シュウチャク」とも。
貼	チョウ	「貼付《ちょうふ》」は、「テンプ」とも。

漢字	読み	備考
難	むずかしい	「むつかしい」とも。
泌	ヒツ	「分泌《ぶんぴつ》」は、「ブンピ」とも。
富	フウ	「富貴《ふうき》」は、「フッキ」とも。
文	モン	「文字《もんじ》」は、「モジ」とも。
法	ホッ	「法主《ほっす》《ほっしゅ》」は、「ホウシュ」とも。
望	モウ	「大望《たいもう》」は、「タイボウ」とも。
頬	ほお	「頬《ほお》」は、「ほほ」とも。
末	バツ	「末子《ばっし》」、「末弟《ばってい》」は、「マッシ」、「マッテイ」とも。
免	まぬかれる	「まぬがれる」とも。
妄	ボウ	「妄言《ぼうげん》」は、「モウゲン」とも。
目	ボク	「面目《めんぼく》」は、「メンモク」とも。
問	とん	「問屋《とんや》」は、「といや」とも。
礼	ライ	「礼拝《らいはい》」は、「レイハイ」とも。

注意すべき読み

「常用漢字表」（平成22年）本表備考欄による。
片仮名は音読み、平仮名は訓読みを示す。

漢字	読み	備考
位	イ	「三位一体」、「従三位」は、「サンミイッタイ」、「ジュサンミ」。
羽	は	「羽（は）」は、前に来る音によって「わ」、「ば」、「ぱ」になる。 用語例＝一羽（わ）、三羽（ば）、六羽（ぱ）
雨	あめ	「春雨」、「小雨」、「霧雨」などは、「はるさめ」、「こさめ」、「きりさめ」。
縁	エン	「因縁」は、「インネン」。
王	オウ	「親王」、「勤王」などは、「シンノウ」、「キンノウ」。
応	オウ	「反応」、「順応」などは、「ハンノウ」、「ジュンノウ」。
音	オン	「観音」は、「カンノン」。
穏	オン	「安穏」は、「アンノン」。
皇	オウ	「天皇」は、「テンノウ」。
上	ショウ	「身上」は、「シンショウ」と「シンジョウ」とで、意味が違う。
把	ハ	「把（ハ）」は、前に来る音によって「ワ」、「バ」、「パ」になる。 用語例＝一把（ワ）、三把（バ）、十把（パ）

準1級用

漢字音訓表

一、部首（第一段）原則として『康熙字典』に準拠した。

二、漢字の字体

①標準字体（第二段）

許容字体（第三段）「漢検」1・準1級の解答に用いても正解とする字体。

※このほかにも、デザインなどの差異があっても正解とする場合がある。

デザイン差については、内閣告示「常用漢字表『（付）字体についての解説』」（平成22年）、及び「表外漢字における字体の違いとデザインの違い」（本書267頁）を参照。

なお、本書269頁「4　表外漢字だけに適用されるデザイン差について」に例として挙げられている漢字は、「許容字体」欄に＊印で示した。また、直接の例ではないが参照すべき例が挙げられている場合は、「許容字体」欄に＊1、2…などと示し、欄外に参照箇所を記した。

②字のなかに「卄・艹・卝」の部分を含むものは、便宜上「卄」に統一した。

③●印　国字（和字）とされるもの（本書283頁参照）。

☆印　印刷標準字体
★印　簡易慣用字体
（☆印・★印とも）国語審議会答申「表外漢字字体表」（平成12年）による。

三、読み

①音読み（第四段）※字義も含む。

②訓読み（第五段）

※自動詞・他動詞がある場合、その一方を省略したものがある。

部首	一（いち）		丨（ぼう）（たてぼう）	丶（てん）	丿（の）（はらいぼう）				乙乚（おつ）
標準字体	丑	丞			乃	之	乍	乎☆	也
許容字体									
音読み	チュウ	ショウ ジョウ			ダイ ナイ	シ	サ	コ	ヤ
訓読み	うし	たす(ける)			の すなわ(ち) なんじ	これ この ゆ(く)	たちま(ち) なが(ら)	か や を かな	なり や か また

部首	亅（はねぼう）	二（に）				亠（なべぶた）（けいさんかんむり）			
標準字体		云☆	亙	亘	些☆	亥	亦	亨	亮
許容字体									
音読み		ウン	コウ	コウ セン	サ	ガイ	エキ	キョウ コウ ホウ	リョウ
訓読み		い(う)	わた(る)	わた(る)	いささ(か) すこ(し)	い	また	とお(る) に(る)	あき(らか) すけ

部首	人（ひと） 亻（にんべん） 𠆢（ひとやね）								
標準字体	仇☆	什	仔☆	伊	伍	伽	佃☆	佑	伶
許容字体									
音読み	キュウ	ジュウ	シ	イ	ゴ	カ ガ キャ	テン デン	ウ ユウ	レイ
訓読み	かたき あだ つれあい	とお	た(える) こま(か) こ	かれ これ ただ	くみ いつ(つ)	とぎ	たがや(す) つくだ か(り)	たす(ける) たす(け)	さか(しい) わざおぎ

部首	標準字体	許容字体	音読み	訓読み
人 亻 𠆢	侃		カン	つよ(い)
	佼		コウ	うつく(しい)
	俄☆		ガ	にわ(か) にわか
	俠☆	侠	キョウ	おとこだて きゃん
	俣●☆			また
	倭		イ ワ	やまと
	倶☆	*	ク グ	とも(に)
	倦☆	倦	ケン	う(む) あ(きる) あぐ(む) つか(れる)
	倖		コウ	さいわ(い) へつら(う)

部首	標準字体	許容字体	音読み	訓読み
人 亻 𠆢	偓		アク	かか(わる)
	偲		シ	しの(ぶ)
	傭☆		ヨウ	やと(う)
	僑☆		キョウ	やど(る) かりずまい
	僻☆		ヘキ ヘイ	かたよ(る) ひが(む) ひめがき
	儘☆		ジン	ことごと(く) まま
	儲☆	儲	チョ	そえ もう(ける) たくわ(える)
儿 (ひとあし)(にんにょう)	允		イン	まこと まこと(に) ゆる(す) じょう
	兇		キョウ	わる(い) おそ(れる)

部首	標準字体	許容字体	音読み	訓読み
儿	兎☆	兔 *兎	ト	うさぎ
	兜☆		トウ ト	かぶと
入(いる) 入(いりがしら)				
八(はち) 八(は)	其☆		キ	そ(の) それ
冂 (どうがまえ)(けいがまえ)(まきがまえ)				
冖 (わかんむり)(ひらかんむり)				
冫(にすい)	冴	*1	ゴ	さ(える)
	凋	凋	チョウ	しぼ(む)
	凌		リョウ	しの(ぐ)

*1 本書270頁 B-(1)参照。

部首	几（つくえ）				凵（うけばこ）（かんがまえ）	刀（かたな）	リ（りっとう）		力（ちから）
標準字体	凧●☆	凪●	凰☆	凱	函☆	剃☆	劃	劉☆	劫☆
許容字体					函				
音読み			オウ コウ	カイ ガイ	カン	テイ	カク	リュウ	キョウ コウ ゴウ
訓読み	たこ	なぎ な（ぐ）	おおとり	かちどき やわ（らぐ）	い（れる） はこ よろい	そ（る）	わ（かつ） くぎ（る）	ころ（す） つら（ねる）	おびや（かす） かす（める）

部首	勹（つつみがまえ）			匕（ひ）	匚（はこがまえ）		匸（かくしがまえ）	十（じゅう）	卜（と）（うらない）
標準字体	勺	勿☆	匁●	匙	匡	匪		廿☆	卜☆
許容字体									
音読み	シャク	モチ ブツ		シ	キョウ	ヒ		ジュウ	ホク ボク
訓読み		なか（れ）	もんめ め	さじ	ただ（す） すく（う）	わるもの あら（ず）		にじゅう	うらな（う） うらな（い）

部首	卜	卩 㔾（わりふ）（ふしづくり）			厂（がんだれ）			厶（む）	又（また）
標準字体	卦	叩☆	卯	卿☆	厭☆	厩☆	厨☆		叉☆
許容字体				卿 卿		厩＊1 廐 廏	廚		
音読み	カ ケ	コウ	ボウ	ケイ キョウ	エン オン ヨウ	キュウ	チュウ ズ		サ シャ
訓読み	うらな（う） うらな（い）	たた（く） はた（く） ひか（える）	う	きみ くげ	おさ（える） いと（う） あ（きる） いや	うまや	くりや はこ		また さ（す） こまね（く） こまぬ（く）

＊1 本書270頁 B-(1)参照。

部首	標準字体	許容字体	音読み	訓読み
又	叛☆	叛	ハン ホン	そむ（く） はな（れる）
又	叡		エイ	かしこ（い）
又	叢☆		ソウ	くさむら むら（がる）
口（くち）（くちへん）	叶		キョウ	かな（う）
口	只		シ	ただ
口	吃☆		キツ	ども（る） く（う） す（う）
口	吊☆		チョウ	つ（る） つる（す）
口	吋		スン トウ	インチ
口	吾		ゴ	われ わ（が）

部首	標準字体	許容字体	音読み	訓読み
口	吞☆	*	トン ドン	の（む）
口	吠☆		ハイ バイ	ほ（える）
口	吻☆		フン	くちさき くちびる
口	呆☆		ホウ ボウ タイ	あき（れる） おろ（か）
口	咒	呪	呪の異体字	
口	咳☆		カイ ガイ	せき せ（く） しわぶき しわぶ（く）
口	哉		サイ	かな や か
口	哨☆	哨	ショウ	みはり
口	哩		リ	マイル

部首	標準字体	許容字体	音読み	訓読み
口	啄		タク トク	ついば（む）
口	啞☆	唖★	ア アク	ああ わら（う）
口	啐		サイ ソツ	な（める） なきごえ
口	喬		キョウ	たか（い） おご（る）
口	喧☆		ケン	かまびす（しい） やかま（しい）
口	喋☆		チョウ	しゃべ（る） ふ（む）
口	喰●☆	*		く（らう） く（う）
口	嘉		カ	よ（い） よみ（する）
口	嘗☆		ショウ ジョウ	な（める） かつ（て） こころ（みる）

部首	口								囗（くにがまえ）
標準字体	嘩☆	噓☆	噌☆	噂☆	噺●☆	噸●	嚙☆	囊☆	圃
許容字体	＊	嘘	噌	噂			噛★	嚢	
音読み	カ	キョ	ソウ ソ	ソン			ゴウ	ノウ ドウ	ホ
訓読み	かまびす（しい）	ふ（く） は（く） すすりな（く） うそ	かまびす（しい）	うわさ	はなし	トン	か（む） かじ（る）	ふくろ	はた はたけ

部首	土（つち）（つちへん）（どへん）							
標準字体	坐☆	圭	坤	坦☆	堯	垢☆	埴☆	埠
許容字体								
音読み	ザ	ケイ	コン	タン	ギョウ	コウ ク	ショク	フ
訓読み	すわ（る） いなが（ら） そぞろ（に） いま（す） おわ（す） ましま（す）	たま かどだ（つ）	つち ひつじさる	たい（ら）	たか（い）	あか よご（れる） けが（れる） はじ	はに	つか はとば

部首	土								士（さむらい）
標準字体	埜	堰☆	堵☆	堺☆	塙	塘	塵☆	壕☆	壬☆
許容字体	野の異体字		堵			塘			
音読み		エン	ト	カイ	カク コウ	トウ	ジン	ゴウ	ジン ニン
訓読み		せき いせき せ（く）	かき	さかい	かた（い） はなわ	つつみ	ちり	ほり	みずのえ おもね（る）

部首	標準字体	許容字体	音読み	訓読み
士	壺☆	壷	コ	つぼ
夂（ち）				
夊（すいにょう）				
夕（た）（ゆうべ）	夙		シュク	つと（に） はや（い） まだき
大（だい）	夷☆		イ	たい（らか） たい（らげる） ころ（す） うずくま（る） おご（る） えびす えみし
	奄☆		エン	おお（う） ふさ（がる） たちま（ち）
	套☆		トウ	かさ（ねる） おお（い）
女（おんな）（おんなへん）	妓☆		ギ	わざおぎ あそびめ こ

部首	標準字体	許容字体	音読み	訓読み
女	姑☆		コ	しゅうとめ しゅうと おんな しばら（く）
	妾☆		ショウ	めしつかい めかけ わらわ
	姐		ソ シャ	あね あねご ねえ
	娃		ア アイ	うつく（しい）
	姦☆		カン	よこしま みだら かしま（しい）
	姪☆		テツ	めい
	姥☆		ボ モ	うば ばば
	姶		オウ	みめよ（い）
	娩☆	娩	ベン	う（む） うつく（しい）

部首	標準字体	許容字体	音読み	訓読み
女	娼☆		ショウ	あそびめ
	婁		ル ロウ	つな（ぐ） つな（がれる）
	嬉		キ	たの（しむ） うれ（しい） あそ（ぶ）
	嬰☆		エイ	めぐ（る） ふ（れる） あかご
	嬬		ジュ	つま よわ（い）
子（こ）（こへん）	孟		モウ ボウ マン	はじ（め）
宀（うかんむり）	宏		コウ	ひろ（い） おお（きい）
	宋☆		ソウ	
	宍		ジク ニク	しし

部首	標準字体	許容字体	音読み	訓読み
宀	宕☆		トウ	ほしいまま、ほらあな
	宥		ユウ	ゆる（す）、なだ（める）
	寅		イン	つつし（む）、とら
	寓☆		グ、グウ	よ（せる）、やど（る）、かりずまい、かこつ（ける）
	寵☆		チョウ	めぐ（む）、めぐ（み）、いつく（しむ）
寸（すん）				
小（しょう）	尖☆		セン	とが（る）、するど（い）、さき
尢（だいのまげあし）	尤☆		ユウ	とが（める）、もっと（も）、すぐ（れる）
尸（かばね）（しかばね）	屍☆		シ	しかばね、かばね

部首	標準字体	許容字体	音読み	訓読み
尸	屑☆	屑	セツ	いさぎよ（い）、くず
	屢☆	屢	ル	しばしば
屮（てつ）				
山（やま）（やまへん）	岨		ソ	そば、そばだ（つ）
	岱		タイ	
	峨☆	峩	ガ	けわ（しい）
	峻		シュン	たか（い）、けわ（しい）、おお（きい）、きび（しい）
	峯		ホウ	みね、やま
	崕	崖の異体字		

部首	標準字体	許容字体	音読み	訓読み
山	嵩		シュウ、スウ	かさ、かさ（む）、たか（い）
	嵯	嵳	サ	けわ（しい）
	嶋		トウ	しま
	嶺		リョウ、レイ	みね
	巖		ガン	けわ（しい）、いわ、いわお、がけ
川（かわ）巛（まげかわ）				
工（え）（たくみ）（たくみへん）				
己（おのれ）	巳		シ	み
	巴		ハ	うずまき、ともえ

部首	標準字体	許容字体	音読み	訓読み
己	巷☆	巻	コウ	ちまた
	巽		ソン	たつみ ゆず(る)
巾(はば)(はばへん)(きんべん)	匝	帀	ソウ	めぐ(る)
	帖☆		チョウ ジョウ	かきもの た(れる) やす(める)
	幌☆		コウ	ほろ
	幡☆		ハン マン ホン	はた のぼり ひるがえ(る)
干(かん)(いちじゅう)				
幺(よう)(いとがしら)				
广(まだれ)	庄		ショウ ソウ	いなか むらざと

部首	標準字体	許容字体	音読み	訓読み
广	庇☆		ヒ	ひさし かば(う)
	庚☆		コウ	かのえ とし
	庖☆	庖	ホウ	くりや
	庵☆		アン	いおり
	廓☆		カク	ひろ(い) ひろ(げる) むな(しい) くるわ
	廠	厰	ショウ	かりや うまや しごとば
	廟☆	*	ビョウ	たまや みたまや おもてごてん やしろ
廴(えんにょう)(いんにょう)	廻☆		カイ エ	まわ(す) まわ(る) めぐ(る) めぐ(らす)
廾(こまぬき)(にじゅうあし)				

部首	標準字体	許容字体	音読み	訓読み
弋(しきがまえ)				
弓(ゆみ)(ゆみへん)	弘		コウ グ	ひろ(い) ひろ(める)
	弗		フツ ホツ	ドル …ず
	弛☆		シ チ	たる(む) ゆる(む) たゆ(む)
	弼		ヒツ	たす(ける) たす(け) すけ
	彊		キョウ	つよ(い) つと(める) し(いる)
彐彑(けいがしら)				
彡(さんづくり)	彦		ゲン	ひこ
	彪		ヒュウ ヒョウ	あや まだら

部首	標準字体	許容字体	音読み	訓読み
彡	彬		ヒン	あき(らか)、そな(わる)
彳(ぎょうにんべん)	徽☆	徽	キ	よ(い)、しるし
心(こころ) 忄(りっしんべん) ⺗(したごころ)	忽☆		コツ	ゆるが(せ)、たちま(ち)
	怯☆		キョウ、コウ	おび(える)、お(じる)、ひる(む)
	怜		レイ	さと(い)
	恢☆	*	カイ	おお(きい)、ひろ(い)
	恰☆		カッ、コウ	あたか(も)
	恕		ショ、ジョ	おもいや(る)、ゆる(す)
	悉☆		シツ	つく(す)、ことごと(く)、つぶさ(に)
心 忄 ⺗	悌		ダイ、テイ	やわ(らぐ)
	惟		イ、ユイ	おも(う)、これ、ただ
	惚☆		コツ	ほ(れる)、ほう(ける)、ぼ(ける)、とぼ(ける)
	惣		ソウ	すべ(て)
	惇		ジュン、トン	あつ(い)、まこと
	悶☆		モン	もだ(える)
	惹☆		ジャク、ジャ	ひ(く)、まね(く)
	愈☆	愈	ユ	いよいよ、い(える)、い(やす)
	慧		ケイ、エ	さと(い)、かしこ(い)
心 忄 ⺗	慾		ヨク	ほっ(する)
	憐☆	*	レン	あわ(れむ)、あわ(れみ)
戈(ほこづくり)(ほこがまえ)	戊☆		ボ、ボウ	つちのえ
	戎		ジュウ	えびす、いくさ、おお(きい)、おお(い)、つわもの
	或☆		ワク	あ(る)、ある(いは)
	戟☆		ケキ、ゲキ	ほこ
戸(と)(とだれ)(とかんむり)				
手(て) 扌(てへん)	托☆		タク	お(す)、お(く)、たの(む)

部首	扌手								
標準字体	扮☆	按☆	挺☆	捌☆	挽☆	掩	掬☆	捲☆	捷
許容字体			*		挽			捲	
音読み	ハン フン	アン	テイ チョウ	ハチ ハツ ベツ	バン	エン	キク	ケン	ショウ
訓読み	よそお(う) かざ(る)	おさ(える) かんが(える) しら(べる)	ぬ(く) ぬき(んでる)	さば(く) さば(ける) は(かす)	ひ(く)	おお(う) かば(う) たちま(ち)	すく(う) むす(ぶ)	ま(く) まく(る) めく(る) いさ(む)	か(つ) はや(い)

部首	扌手							
標準字体	捺	捧☆	掠☆	揃☆	揖	搔☆	摑☆	摺☆
許容字体				揃		掻★	掴	摺
音読み	ダツ ナツ	ホウ	リャク リョウ	セン	ユウ シュウ	ソウ	カク	ショウ ロウ
訓読み	お(す)	ささ(げる) かか(える)	かす(める) かす(る) かす(れる) さら(う) むちう(つ)	そろ(う) そろ(える) そろ(い)	ゆず(る) へりくだ(る) あつ(まる)	か(く)	つか(む)	たた(む) ひだ す(る) くじ(く)

部首	扌手								
標準字体	摸	撰☆	撒☆	撞☆	撚☆	播☆	撫☆	擢☆	擾☆
許容字体		撰						擢	
音読み	モ バク ボ	セン サン	サツ サン	トウ ドウ シュ	デン ネン	ハ バン	ブ フ	タク テキ	ジョウ
訓読み	さぐ(る) うつ(す)	えら(ぶ)	ま(く)	つ(く)	ひね(る) よ(る) よ(り)	ま(く) し(く) さすら(う)	な(でる)	ぬ(く) ぬき(んでる)	な(らす) みだ(れる) わずら(わしい) さわ(ぐ)

部首	標準字体	許容字体	音読み	訓読み
手 扌	攪☆	撹★	コウ カク	みだ(す) ま(ぜる)
支 (し)(しにょう)(えだにょう)				
攴 攵 (のぶん)(ぼくづくり)	孜		シ	つと(める)
	敦		トン	あつ(い) とうと(ぶ)
文 (ぶん)(ぶんにょう)	斐		ヒ	あや
	斌		ヒン	うるわ(しい)
斗 (とます)	斡☆		アツ カン	めぐ(る) つかさど(る)
斤 (きん)(おのづくり)	斧☆		フ	おの
	斯		シ	こ(の) これ か(く) か(かる)

部首	標準字体	許容字体	音読み	訓読み
方 (ほう)(ほうへん)(かたへん)	於		オ	お(いて) お(ける)
旡 (なし)(ぶ)(すでのつくり)				
日 (ひ)(ひへん)(にちへん)	旭		キョク	あさひ
	昂		コウ ゴウ	たかぶ(る) あ(がる) たか(い)
	昏☆		コン	く(れ) くら(い) くら(む)
	昌		ショウ	さか(ん) うつく(しい) みだ(れる)
	晃		コウ	あき(らか) ひか(る)
	晋		シン	すす(む)
	晒☆		サイ	さら(す)

部首	標準字体	許容字体	音読み	訓読み
日	晦☆	晦	カイ	みそか つごもり くら(い) くら(ます)
	智		チ	ちえ さと(い)
	暢		チョウ	の(びる) とお(る) の(べる)
	曙		ショ	あけぼの
	曝☆		バク ホク	さら(す) さら(ける) さらば(える)
曰 (ひらび)(いわく)	曳☆		エイ	ひ(く)
	沓☆		トウ	かさ(なる) むさぼ(る) くつ
月 (つき)(つきへん)	朋		ホウ	とも なかま
	朔		サク	ついたち きた

部首：木（き）（きへん）

標準字体	許容字体	音読み	訓読み
杏		キョウ アン	あんず
杖☆		ジョウ	つえ
杜		ト ズ	と（じる） ふさ（ぐ） やまなし もり
杓☆	杓	シャク ヒョウ	ひしゃく しゃく（う）
李		リ	すもも おさ（める）
杢●			もく
杭☆		コウ	わた（る） くい
杵☆		ショ	きね
枇☆		ヒ ビ	さじ くし

部首：木

標準字体	許容字体	音読み	訓読み
杷☆		ハ	さらい
柑☆		カン	みかん こうじ
柴☆		サイ	しば まつ（り） ふさ（ぐ）
柘☆		シャ	やまぐわ つげ
柊	柊	シュウ	ひいらぎ
柁		タ ダ	かじ
柏☆		ハク ビャク	かしわ
柚		ユ ユウ	ゆず
栂●			とが つが

部首：木

標準字体	許容字体	音読み	訓読み
柾●			まさ まさき
桓☆		カン	
桔		キツ ケツ	
桂		ケイ	かつら
栴		セン	
桐		ドウ トウ	きり こと
栗		リツ リ	くり おのの（く） きび（しい）
栖☆		サイ セイ	す（む） すみか
梧		ゴ	あおぎり

部首：木

標準字体	許容字体	音読み	訓読み
梱		コン	こり こうり しきみ
梓		シ	あずさ はんぎ だいく
梢		ショウ	こずえ かじ
梯☆		タイ テイ	はしご
桶☆		トウ	おけ
梶☆		ビ	かじ こずえ
梁☆		リョウ	はり うつばり はし やな
棲☆		セイ	す(む) すみか
棉		メン	わた

部首：木

標準字体	許容字体	音読み	訓読み
椋		リョウ	むく
椀☆		ワン	はち
椙●			すぎ
椛●			もみじ
楳		バイ	うめ
楢☆	楢	シュウ ユウ	なら
楯☆		ジュン	たて
楚☆		ソ	いばら しもと むち すわえ
椿		チン	つばき

部首：木

標準字体	許容字体	音読み	訓読み
楠		ナン	くすのき
楓		フウ	かえで
楊		ヨウ	やなぎ
椴		タン ダン	とど とどまつ
榎☆		カ	えのき
榛		シン	はしばみ はり くさむら
槍☆		ソウ	やり
槌☆	槌	ツイ	つち う(つ)
槙		シン テン	まき

部首	標準字体	許容字体	音読み	訓読み
木	樺		カ	かば
	榊●☆	榊		さかき
	槻		キ	つき
	樟		ショウ	くす くすのき
	樗		チョ	おうち
	樋☆	樋	トウ	ひ とい
	樫●☆			かし
	橘		キツ	たちばな
	樵		ショウ ゾウ	きこり こ(る) きこ(る)

部首	標準字体	許容字体	音読み	訓読み
木	橡		ショウ	とち くぬぎ つるばみ
	樽☆	樽	ソン	たる
	橢☆	楕	ダ	こばんがた
	檜☆	桧	カイ	ひのき ひ
	橿☆		キョウ	かし
	檎		キン ゴ	
	檀		タン ダン	まゆみ
	檮☆	梼	トウ	きりかぶ おろ(か)
	櫛☆	櫛 櫛	シツ	くし くしけず(る)

部首	標準字体	許容字体	音読み	訓読み
木	櫓☆		ロ	おおだて やぐら
	欝	鬱	の異体字	
欠(あくび)(かける)	欣		キン ゴン	よろこ(ぶ)
	欽		キン	つつし(む) うやま(う)
	歎☆	歎	タン	たた(える) なげ(く)
止(とめる)(とめへん)	此☆		シ	こ(の) これ か(く) ここ
	歪☆		ワイ	ゆが(む) いが(む) ひず(む) いびつ
歹(かばねへん)(いちたへん)(がつへん)	殆☆		タイ	ほとん(ど) あや(うい) ほとほと
殳(るまた)(ほこづくり)	毅		キ	つよ(い) たけ(し)

部首	毋（なかれ）（ははのかん）	比（ならびひ）（くらべる）	毛（け）	氏（うじ）	气（きがまえ）	水（みず）氵（さんずい）氺（したみず）			
標準字体		毘☆				汀	汝☆	汐	汲☆
許容字体		毗							汲
音読み		ヒ ビ				テイ	ジョ	セキ	キュウ
訓読み		たす（ける）				みぎわ なぎさ	なんじ	しお うしお	く（む） ひ（く）

部首	水氵氺								
標準字体	沌☆	沫☆	洩☆	洲	洛☆	浩	浬	涌☆	淵☆
許容字体									渕
音読み	トン	マツ	エイ セツ	シュウ	ラク	コウ	リ	ヨウ ユウ	エン
訓読み	ふさ（がる）	あわ しぶき よだれ	の（びる） も（れる）	す しま	みやこ つら（なる）	おお（きい） ひろ（い） おお（い） おご（る）	かいり ノット	わ（く）	ふち ふか（い） おくぶか（い）

部首	水氵氺								
標準字体	淳	渚	淀☆	淘☆	淋☆	渥	渠☆	湘☆	湊☆
許容字体							*		
音読み	ジュン	ショ	テン デン	トウ	リン	アク	キョ	ショウ	ソウ
訓読み	あつ（い） すなお	なぎさ みぎわ	よど よど（む）	よな（げる）	そそ（ぐ） したた（る） さび（しい） りんびょう	あつ（い） うるお（い） こ（い）	みぞ おお（きい） かしら かれ なんぞ		みなと あつ（まる）

部首	標準字体	許容字体	音読み	訓読み
水氵氺	湛☆		タン チン	たた(える) あつ(い) しず(む) ふか(い) ふけ(る)
水氵氺	溢☆	溢	イツ	あふ(れる) す(ぎる) おご(る) み(ちる) こぼ(れる)
水氵氺	溜☆		リュウ	したた(る) た(まる) た(める) ため
水氵氺	溯	遡	遡の異体字	
水氵氺	漑☆	漑＊	カイ ガイ	そそ(ぐ) すす(ぐ)
水氵氺	漕☆		ソウ	はこ(ぶ) こ(ぐ)
水氵氺	漣☆	漣	レン	さざなみ

部首	標準字体	許容字体	音読み	訓読み
水氵氺	漉☆		ロク	こ(す) したた(らせる) す(く)
水氵氺	澗☆	澗	カン ケン	たに たにみず
水氵氺	潑☆	溌	ハツ	そそ(ぐ) は(ねる)
水氵氺	澱☆		テン デン	おり よど(む) よど
水氵氺	濠☆		ゴウ	ほり
水氵氺	濡☆		ジュ	うるお(う) ぬ(れる) とどこお(る) こら(える)
水氵氺	濤☆	涛	トウ	なみ
水氵氺	瀆☆	涜	トク	みぞ けが(す) あなど(る)
水氵氺	瀦☆	潴	チョ	みずたま(り) た(まる)

部首	標準字体	許容字体	音読み	訓読み
水氵氺	瀕☆	瀕	ヒン	みぎわ せま(る) そ(う)
水氵氺	瀞☆	瀞	ジョウ セイ	とろ
水氵氺	灌☆	潅	カン	そそ(ぐ)
水氵氺	灘☆	灘	ダン タン	はやせ なだ
火（ひへん）灬（れんが）（れっか）	灸☆		キュウ	やいと
火（ひへん）灬（れんが）（れっか）	灼☆	＊	シャク	や(く) あき(らか) あらたか やいと
火（ひへん）灬（れんが）（れっか）	烏☆		ウ オ	からす くろ(い) いずく(んぞ) なん(ぞ)
火（ひへん）灬（れんが）（れっか）	烹		ホウ	に(る)
火（ひへん）灬（れんが）（れっか）	焰☆	焔	エン	も(える) ほのお

部首	標準字体	許容字体	音読み	訓読み
火 灬	焚☆		フン	や(く) た(く)
	煤☆		バイ	すす すす(ける)
	煉☆	煉	レン	ね(る)
	煽☆	煽	セン	あお(る) おだ(てる) おこ(る) あお(り)
	熔☆	鎔	ヨウ	いがた と(かす) と(ける) い(る)
	燕☆		エン	つばめ さかもり くつろ(ぐ)
	燐☆	*1	リン	
	燦		サン	あき(らか) あざ(やか) きら(めく)
	燭☆		ショク ソク	ともしび

*1 本書270頁 B-(1)参照。

部首	標準字体	許容字体	音読み	訓読み
爪(つめ) 爫 ⺥(つめかんむり)(つめがしら) 爪(そうにょう)				
父(ちち)	爺☆		ヤ	じじ おやじ
爻(まじわる)	爾		ジ ニ	なんじ そ(の)
爿(しょうへん)				
片(かた)(かたへん)	牌☆	牌	ハイ	ふだ
	牒☆		チョウ ジョウ	ふだ
牙(きば)(きばへん)				
牛(うし)(うしへん)	牝☆		ヒン	め めす

部首	標準字体	許容字体	音読み	訓読み
牛	牟☆		ボウ ム	な(く) むさぼ(る) かぶと
	牡☆		ボ ボウ	お おす
	牢☆		ロウ	いけにえ ごちそう ひとや かた(い) さび(しい)
	牽☆		ケン	ひ(く) つら(なる)
	犀☆		サイ セイ	かた(い) するど(い)
犬(いぬ) 犭(けものへん)	狐☆	狐	コ	きつね
	狗☆		ク コウ	いぬ
	狛		ハク	こま こまいぬ

部首	標準字体	許容字体	音読み	訓読み
犭犬	狸☆		リ	たぬき ねこ
	狼☆		ロウ	おおかみ みだ(れる)
	狽☆		バイ	
	猪		チョ	い いのしし
	猷☆	猷	ユウ	はか(る) はかりごと みち
	獅☆		シ	しし
玄(げん)				
玉 王 (たま) (おう) (おうへん) (たまへん)	玖		キュウ ク	
	珂☆		カ	

部首	標準字体	許容字体	音読み	訓読み
王玉	珊☆	珊*	サン	
	玲		レイ	
	珪☆		ケイ	たま
	琉		リュウ ル	
	琢		タク	みが(く)
	瑛		エイ	
	琵☆		ビ	
	琶☆		ハ	
	琳		リン	

部首	標準字体	許容字体	音読み	訓読み
王玉	瑚		コ ゴ	
	瑞		ズイ	しるし めでた(い) みず
	瑳		サ	みが(く)
瓜瓜 (うり)	瓜☆	瓜	カ	うり
	瓢☆	瓢	ヒョウ	ふくべ ひさご
瓦 (かわら)	甑☆	甑	ソウ	こしき
甘 (かん) (あまい)	甜		テン	あま(い) うま(い)
生 (うまれる)	甥☆		ショウ セイ	おい
用 (もちいる)	甫		ホ フ	はじ(め) おお(きい)

部首	標準字体	許容字体	音読み	訓読み
田 (た)(たへん)	畠●☆			はた はたけ
	畦☆		ケイ	うね あぜ
	畢☆	*	ヒツ	お(わる) ことごと(く)
	畷		テツ	なわて
疋 (ひき)(ひきへん)	疋☆		ショ ソ ヒツ	あし ひき
	疏☆	疏	ショ ソ	とお(す) とお(る) うと(い) うと(む) おろそ(か) あら(い) まば(ら) ふみ
疒 (やまいだれ)	疹☆		シン	はしか
	痔☆		ジ	しもがさ
疒	癌☆		ガン	
癶 (はつがしら)				
白 (しろ)	皐	皋	コウ	さわ さつき
皮 (けがわ)(ひのかわ)				
皿 (さら)	盃		ハイ	さかずき
	盈		エイ	み(ちる) あま(る)
目 (め)(めへん)	瞥☆	瞥	ベツ	み(る)
矛 (ほこ)(ほこへん)				
矢 (や)(やへん)	矧		シン	は(ぐ)
矢	矩		ク	さしがね のり
石 (いし)(いしへん)	砦☆		サイ	とりで
	砥☆		シ	と といし と(ぐ) みが(く)
	砧		チン	きぬた
	硯☆		ケン ゲン	すずり
	硲●			はざま
	碍		ガイ ゲ	さまた(げる) ささ(える)
	碓☆		タイ	うす
	碇☆		テイ	いかり

部首	標準字体	許容字体	音読み	訓読み
石	碗☆	盌	ワン	こばち
石	碧		ヘキ	みどり あお
石	碩		セキ	おお(きい)
石	磐☆		ハン バン	いわ わだかま(る)
石	磯		キ	いそ
石	礪	砺	レイ	あらと と(ぐ) みが(く)
石	礦	砿	コウ	あらがね
示 ⺬ 礻 (しめす)(しめすへん)	祁☆	祁	キ	おお(いに) おお(きい) さか(んに)
示 ⺬ 礻 (しめす)(しめすへん)	祇☆	祇	ギ	くにつかみ

部首	標準字体	許容字体	音読み	訓読み
示 ⺬ 礻	祐		ユウ	たす(け) たす(ける)
示 ⺬ 礻	禄		ロク	さいわ(い) ふち
示 ⺬ 礻	禎		テイ	さいわ(い)
示 ⺬ 礻	禦		ギョ	ふせ(ぐ) つよ(い)
示 ⺬ 礻	禱☆	祷★	トウ	いの(る) まつ(る)
示 ⺬ 礻	禰☆	祢	デイ ネ	みたまや かたしろ
内 (じゅう)	禽☆		キン	とり とら(える) いけど(り)
禾 (のぎ)(のぎへん)	禾		カ	いね のぎ
禾 (のぎ)(のぎへん)	禿☆		トク	はげ は(げる) ち(びる) かむろ

部首	標準字体	許容字体	音読み	訓読み
禾	秤☆	秤	ショウ ビン	はかり
禾	秦		シン	はた
禾	稀		キ ケ	まれ まば(ら) うす(い)
禾	稔		ジン ニン ネン	みの(る) とし つ(む)
禾	稗☆	*	ハイ	ひえ こま(かい)
禾	稜		リョウ ロウ	かど いきお(い)
禾	穎☆	頴★	エイ	ほさき すぐ(れる)
禾	穆		ボク モク	やわ(らぐ)
禾	穰		ジョウ	ゆた(か) みの(る)

部首	標準字体	許容字体	音読み	訓読み
禾	穐	穐	シュウ	あき とき
穴（あな）（あなかんむり）	穿☆	＊	セン	うが（つ） は（く） つらぬ（く） ほじ（る） ほじく（る）
	窄☆		サク	せま（い） せば（まる） すぼ（む） つぼ（む）
	窪☆		ア　ワ	くぼ くぼ（む）
	窺☆		キ	うかが（う） のぞ（く）
	竈☆	竈　竃	ソウ	かまど へっつい
立（たつ）（たつへん）	竪☆	竪	ジュ	た（つ） たて こども こもの
	竣		シュン	お（わる）

部首	標準字体	許容字体	音読み	訓読み
立	靖		セイ	やす（い） やす（んじる）
竹（たけ）（たけかんむり）	竺☆		トク ジク	あつ（い）
	竿☆		カン	さお ふだ
	笈☆	＊	キュウ	おい
	笥☆		シ　ス	け はこ
	笠☆		リュウ	かさ
	笹●			ささ
	筈☆		カツ	やはず はず
	筑☆	＊	チク ツク	

部首	標準字体	許容字体	音読み	訓読み
竹	筏☆		ハツ バツ	いかだ
	箕☆		キ	み ちりとり
	箔☆		ハク	すだれ のべがね
	箭☆	箭	セン	や
	篇☆	＊	ヘン	ふだ ふみ まき
	篦☆	篦	ヘイ	へら すきぐし かんざし の
	篠☆	篠	ショウ	しの
	簞☆	簞	タン	わりご はこ ひさご
	簸		ハ	ひ（る） あお（る）

部首	標準字体	許容字体	音読み	訓読み
竹	簾☆	簾	レン	す、すだれ
竹	篭	籠	籠の異体字	
米（こめ）（こめへん）	粁●			キロメートル
米（こめ）（こめへん）	粂●☆			くめ
米（こめ）（こめへん）	籾●☆	籾		もみ
米（こめ）（こめへん）	粍●			ミリメートル
米（こめ）（こめへん）	粕☆		ハク	かす
米（こめ）（こめへん）	粥☆		シュク、イク	かゆ、ひさ（ぐ）
米（こめ）（こめへん）	粟☆		ショク、ソク、ゾク	もみ、あわ、ふち

部首	標準字体	許容字体	音読み	訓読み
米	糊☆		コ	のり、くちす（ぎ）
米	糎●			センチメートル
米	糠☆		コウ	ぬか
米	糟		ソウ	かす
米	糞☆		フン	くそ、けが（れ）、はら（う）、つちか（う）
糸（いと）（いとへん）	紘		コウ	おおづな、ひろ（い）
糸（いと）（いとへん）	紗		サ、シャ	うすぎぬ
糸（いと）（いとへん）	紐☆		ジュウ、チュウ	ひも
糸（いと）（いとへん）	絃		ゲン	いと、つる

部首	標準字体	許容字体	音読み	訓読み
糸	紬		チュウ	つむぎ、つむ（ぐ）
糸	絢		ケン	あや
糸	綬☆		ジュ	ひも、くみひも
糸	綜		ソウ	す（べる）、おさ、まじ（える）
糸	綴☆		テイ、テツ	つづ（る）、と（じる）、あつ（める）
糸	緋		ヒ	あか
糸	綾		リョウ、リン	あや
糸	緬		ベン、メン	はる（か）、とお（い）
糸	縞☆		コウ	しろぎぬ、しま

部首	標準字体	許容字体	音読み	訓読み
糸	繫☆	繋	ケイ	つな(ぐ) つな(がる) か(かる) とら(える) きずな
	繡☆	繍★	シュウ	ぬいとり にしき うつく(しい)
	纂☆		サン	あつ(める) くみひも つ(ぐ)
	纏☆	纏 纏	テン	まと(う) まつ(わる) まと(める) まつ(る) まとい
缶(ほとぎ)				
罒 网(あみがしら)(あみめ)(よこめ)	罫		ケイ	

部首	標準字体	許容字体	音読み	訓読み
羊(ひつじ)(ひつじへん)				
羽(はね)	翠	翠	スイ	かわせみ みどり
	翫☆	翫	ガン	もてあそ(ぶ) あじ(わう) あなど(る) むさぼ(る)
	翰☆	翰	カン	ふで ふみ てがみ と(ぶ) みき
	耀	耀	ヨウ	かがや(く)
耂 老(おいかんむり)(おいがしら)				
而(しかして)(しこうして)	而☆		ジ	しか(して) しか(れども) しか(も) しか(るに) なんじ
耒(すきへん)(らいすき)				

部首	標準字体	許容字体	音読み	訓読み
耳(みみ)(みみへん)	耽☆		タン	ふけ(る) おくぶか(い)
	聡		ソウ	さと(い)
	聯	聨	レン	つら(なる) つら(ねる)
	聾☆		ロウ	
聿(ふでづくり)	肇		チョウ	はじ(める) はじ(め)
肉(にく) 月(にくづき)	肋☆		ロク	あばら
	肴☆		コウ	さかな
	肱		コウ	ひじ
	胤		イン	たね

部首	標準字体	許容字体	音読み	訓読み
月肉	胡		コ ゴ ウ	あごひげ えびす なん(ぞ) でたらめ ながい(き) みだ(り) いずく(んぞ)
	脆☆	脆	セイ ゼイ	もろ(い) よわ(い) やわ(らかい) かる(い)
	腔☆	腔	クウ コウ	から からだ
	脹		チョウ	ふく(れる) は(れる) ふく(よか)
	膏☆		コウ	あぶら こ(える) うるお(す) めぐ(む)
	腿☆	腿	タイ	もも
	膿☆		ドウ ノウ	うみ う(む)
臣(しん)	臥☆		ガ	ふ(す) ふしど

部首	標準字体	許容字体	音読み	訓読み
自(みずから)				
至(いたる)				
臼(うす)				
舌(した)	舘		カン	やかた たて たち
舛(まいあし)	舛	＊1	セン	そむ(く) あやま(る) いりま(じる)
	舜	＊1	シュン	むくげ
舟(ふね)(ふねへん)	舵☆		タ ダ	かじ
艮(ねづくり)(こんづくり)	艮		コン ゴン	うしとら
色(いろ)				

＊1 本書270頁 B-(1)参照。

部首	標準字体	許容字体	音読み	訓読み
艸艹艹(くさかんむり)(そうこう)	苅		ガイ	か(る)
	芥☆		カイ ケ	からし あくた ちい(さい)
	芹		キン	せり
	芭☆		ハ バ	
	芙		フ	はす
	苑		エン オン ウツ	その ふさ(がる)
	茄		カ	はす なす なすび
	苫☆		セン	とま むしろ
	苒	苒	ゼン	

部首：艹 艹 艸

標準字体	許容字体	音読み	訓読み
苔☆		タイ	こけ
苧		チョ	からむし お
茅		ボウ	かや ち ちがや
苓		レイ リョウ	みみなぐさ
荊☆	荆	ケイ	いばら むち
茸☆		ジョウ	しげ(る) ふくろづの たけ きのこ
荏		ジン ニン	え やわ(らか)
茜		セン	あかね
莞		カン	い むしろ

部首：艹 艹 艸

標準字体	許容字体	音読み	訓読み
荻☆		テキ	おぎ
莫☆		ボ バク マク モ	く(れ) な(い) なかれ さび(しい)
菅☆		カン	すげ すが
菰☆	菰	コ	こも まこも
菖		ショウ	しょうぶ
菟	莵 ＊2 莵 菟	ト	うさぎ
菩☆		ホ ボ	
萌	萠	ボウ ホウ	めば(え) めぐ(む) きざ(す) も(える) も(やし) たみ

＊2 本書270頁 B-(2)参照。

部首：艹 艹 艸

標準字体	許容字体	音読み	訓読み
萊☆	莱	ライ	あかざ あれち
菱☆		リョウ	ひし
萄☆		トウ ドウ	
葦☆	＊	イ	あし よし
葵		キ	あおい
萱☆		カン ケン	かや わすれぐさ
韮☆	韭	キュウ	にら
萩		シュウ	はぎ
葺☆		シュウ	ふ(く) つくろ(う)

部首	標準字体	許容字体	音読み	訓読み
艹・艹・艸	葱☆		ソウ	ねぎ　き　あお(い)
	董		トウ	ただ(す)　とりし(まる)
	葡☆		ホ　ブ	
	葎		リツ	むぐら
	蓋	蓋の異体字		
	蓑☆		サ　サイ	みの
	蒜		サン	ひる　にんにく
	蒔		シ　ジ	う(える)　ま(く)
	蒐☆		シュウ	あつ(める)　か(り)

部首	標準字体	許容字体	音読み	訓読み
艹・艹・艸	蒼		ソウ	あお　あお(い)　しげ(る)　ふる(びる)　あわただ(しい)
	蒲☆		ホ　ブ　フ	がま　かわやなぎ　むしろ
	蒙☆		ボウ　モウ	おお(う)　こうむ(る)　くら(い)　おさ(ない)
	蓉		ヨウ	
	蓮		レン	はす　はちす
	蔭☆		イン	かげ　おかげ　おお(う)　しげ(る)
	蔚		ウツ　イ	
	蔣☆	蒋★	ショウ	まこも

部首	標準字体	許容字体	音読み	訓読み
艹・艹・艸	蔦		チョウ	つた
	蔓☆		バン　マン	つる　はびこ(る)　から(む)
	蓬☆	蓬	ホウ	よもぎ
	蔀		ホウ　ブ	しとみ　おお(い)
	蕎☆		キョウ	
	蕨☆		ケツ	わらび
	蕉		ショウ	
	蕊	蕋　蘂	ズイ	しべ
	蕃☆		バン　ハン	しげ(る)　ふ(える)　まがき　えびす

部首	艹艹艸							
標準字体	蕩☆	蕪☆	薙☆	蕗	薗	薩☆	薯☆	藁☆
許容字体						薩	薯	
音読み	トウ	ブ ム	テイ チ	ロ	エン オン	サツ	ショ ジョ	コウ
訓読み	うご(く) とろ(ける) の(びやか) ほしいまま みだ(す) はら(う) あら(う)	あ(れる) しげ(る) みだ(れる) かぶら	な(ぐ) か(る) そ(る)	ふき	その		いも	わら

部首	艹艹艸				虍（とらがしら）（とらかんむり）	虫（むし）（むしへん）			
標準字体	藪☆	藷☆	蘇☆	蘭		虻☆	蚤☆	蛋☆	蛙☆
許容字体	藪	藷				蝱＊			
音読み	ソウ	ショ	ソ ス	ラン		ボウ モウ	ソウ	タン	ア ワ
訓読み	さわ やぶ	いも さとうきび	ふさ よみがえ(る)	ふじばかま あららぎ		あぶ	のみ はや(い) つめ	あま えびす たまご	かえる みだ(ら)

部首	虫								
標準字体	蛤☆	蛭☆	蛛☆	蜎	蛾☆	蛸☆	蜘☆	蝦☆	蝕☆
許容字体						蛸			蝕
音読み	コウ	シツ テツ	チュ チュウ シュ	ケン	ガ ギ	ショウ	チ	カ ガ	ショク
訓読み	はまぐり	ひる	くも	うつく(しい)	まゆげ あり	たこ	くも	えび がま	むしば(む)

部首	虫								(ち)血
標準字体	蝶	螺☆	蟬☆	蟹☆	蟻☆	蠅☆	蠣☆	蠟☆	
許容字体			蝉	蠏		蝿 蝿	蛎	蝋★	
音読み	チョウ	ラ	セン ゼン	カイ	ギ	ヨウ	レイ	ロウ	
訓読み		つぶ にし にな ほらがい	せみ うつく(しい) つづ(く)	かに	あり くろ くろ(い)	はえ	かき		

部首	行(ぎょう)(ぎょうがまえ)(ゆきがまえ)	衣(ころも) 衤(ころもへん)							
標準字体		衿	袈	袷	袴☆	裡☆	裟	裳☆	襖☆
許容字体									襖
音読み		キン	ケ	コウ	コ	リ	サ	ショウ	オウ
訓読み		えり		あわせ	はかま ももひき	うら うち		も もすそ	わたいれ ふすま あお

部首	襾(おおいかんむり) 西(にし)	見(みる)	角(かく)(つの)(つのへん)	言(げん)(ごんべん)					
標準字体		覗☆		訊☆	訣☆	詑	註☆	詫☆	誼
許容字体							*		
音読み		シ		シン ジン	ケツ	タ	チュウ	タ	ギ
訓読み		うかが(う) のぞ(く)		たず(ねる) と(う) き(く) たよ(り)	わか(れる) おくぎ	あざむ(く)	ときあか(す)	わ(びる) ほこ(る) わび	よ(い) すじみち よしみ

部首	言							
標準字体	諏☆	誹☆	諒	謂☆	諫☆	諺☆	諜☆	謬☆
許容字体					諫	諺		謬
音読み	シュ ス	ヒ	リョウ	イ	カン	ゲン	チョウ	ビュウ
訓読み	はか(る) と(う)	そし(る)	まこと おもいや(る) さと(る)	い(う) いわ(れ) いい	いさ(める)	ことわざ	うかが(う) さぐ(る) しめ(す) ふだ	あやま(る)

部首	言	谷(たに)(たにへん)	豆(まめ)(まめへん)	豕(ぶた)(いのこ)	豸(むじなへん)	貝(かい)(こがい)(かいへん)		
標準字体	讃☆				豹☆	貰☆	賑☆	賤☆
許容字体	讃				豹			賎
音読み	サン				ヒョウ	セイ	シン	セン ゼン
訓読み	ほ(める) たた(える) たす(ける)					もら(う) か(りる) ゆる(す)	ほどこ(す) にぎ(わう) にぎ(やか)	やす(い) いや(しい) あや(しい) いや(しめる) しず

部首	貝	赤(あか)	走(はしる)(そうにょう)	足(あし)(あしへん)			身(み)(みへん)
標準字体	贋☆	赫	趨☆	跨☆	蹄☆	蹟☆	軀☆
許容字体					*		躯
音読み	ガン	カク	スウ ソク シュ	コ	テイ	セキ シャク	ク
訓読み	にせ	あか(い) さか(ん) かがや(く) あつ(い)	はし(る) おもむ(く) はや(い) うなが(す)	また(ぐ) また(がる) よ(る) また	ひづめ わな	あと	からだ むくろ

部首	標準字体	許容字体	音読み	訓読み
車（くるま）（くるまへん）	輔		フ ホ	たす（ける） すけ
	輿☆		ヨ	こし くるま の（せる） おお（い） めしつかい はじ（め）
	輯☆		シュウ	あつ（める） やわ（らぐ）
	轍☆		テツ	わだち あとかた のり
	轟☆		ゴウ	とどろ（く） おお（いに）
	轡		ヒ	たづな くつわ
辛（からい）				
辰（しんのたつ）	辰		シン	たつ ひ とき

部首	標準字体	許容字体	音読み	訓読み
辵 辶 辶（しんにょう）（しんにゅう）	辻●☆	辻		つじ
	迂☆	迂	ウ	まが（る） うと（い） とお（い）
	迄☆	迄	キツ	いた（る） およ（ぶ） まで
	辿☆	辿	テン	たど（る）
	迦☆	迦	カ	
	迺	迺 迺	ダイ ナイ	なんじ すなわ（ち） の
	這☆	這	シャ	こ（の） これ は（う）
	逗☆	逗	トウ ズ	とど（まる） くぎ（り）
	逢☆	逢	ホウ	あ（う） むか（える） おお（きい） ゆた（か）

部首	標準字体	許容字体	音読み	訓読み
辵 辶 辶	遁☆	遁	トン シュン ジュン	のが（れる） しりご（みする）
	逼☆	逼	ヒツ ヒョク	せま（る）
	遥		ヨウ	さまよ（う） はる（か） とお（い） なが（い）
	遼		リョウ	はる（か）
邑 阝（おおざと）	邑		ユウ オウ	むら みやこ くに うれ（える）
	郁		イク	かぐわ（しい） さか（ん）
	耶		ヤ	か
	鄭☆	鄭	ジョウ テイ	ねんご（ろ）

部首	酉（ひよみのとり）（こよみのとり）（とりへん）							釆（のごめ）（のごめへん）	里（さと）（さとへん）
標準字体	酉	酋☆	醇	醍☆	醐☆	醬☆	醱☆		
許容字体		酋				醤★	醗		
音読み	ユウ	シュウ	シュン ジュン	ダイ テイ	コ ゴ	ショウ	ハツ		
訓読み	とり ひよみのとり	おさ かしら	もっぱ（ら） あつ（い）			ししびしお ひしお	かも（す）		

部首	金（かね）（かねへん）							
標準字体	釘☆	釦	釧☆	鈷	鉤☆	鉦☆	銑	鉾☆
許容字体					鈎			
音読み	チョウ テイ	コウ	セン	コ	ク コウ	セイ ショウ	セン	ボウ ム
訓読み	くぎ	かざ（る） ボタン	うでわ くしろ		かぎ つりばり か（ける） おびどめ ま（がる）	かね	ずく	ほこ きっさき

部首	金							
標準字体	銚☆	鋪	鋤☆	鋒☆	鋲●	鋸☆	錘	錐☆
許容字体								
音読み	チョウ ヨウ	ホ	ショ ジョ	ホウ	ビョウ	キョ	スイ	スイ
訓読み	なべ すき とくり	し（く） みせ	すき す（く）	ほこさき きっさき ほこ さきがけ		のこぎり のこ	つむ おもり	きり するど（い）

部首	標準字体	許容字体	音読み	訓読み
金	錆☆	錆	ショウ セイ	さび さ(びる)
金	錫☆		シャク セキ シ	すず つえ たまもの
金	鍔		ガク	つば
金	鍬☆		ショウ シュウ	すき くわ
金	鍾☆		ショウ	さかずき あつ(める) つりがね
金	鍍		ト	めっき
金	錨		ビョウ	いかり
金	鎧☆		カイ ガイ	よろい よろ(う)
金	鎗		ショウ ソウ	やり
金	鎚☆	鎚	タイ ツイ	つち かなづち
金	鏑		テキ	やじり かぶら かぶらや
金	鐙		トウ	たかつき あぶみ
金	鐸☆		タク	すず
金	鑓●☆	鑓		やり
長(ながい)				
門(もん)(もんがまえ)	閃☆		セン	ひらめ(く)
門(もん)(もんがまえ)	閏☆		ジュン	うるう
門(もん)(もんがまえ)	閤☆		コウ	くぐりど へや たかどの
阜 阝(こざとへん)	阿		ア	くま よ(る) おもね(る) ひさし お
阜 阝(こざとへん)	陀☆		ダ タ	
阜 阝(こざとへん)	隈☆		ワイ	くま すみ
阜 阝(こざとへん)	隙	隙 の異体字		
隶(れいづくり)				
隹(ふるとり)	隼		シュン ジュン	はやぶさ
隹(ふるとり)	雀☆		ジャク	すずめ
隹(ふるとり)	雁☆	鴈	ガン	かり

部首	標準字体	許容字体	音読み	訓読み
隹	雛		スウ ス	ひな ひよこ
雨（あめ）（あめかんむり）（あまかんむり）	雫●☆		ダ	しずく
	霞		カ	かすみ かす（む）
青靑（あお）				
非（あらず）（ひ）				
面（めん）				
革（かくのかわ）（つくりがわ）（かわへん）	靱☆	靭 靱	ジン	しな（やか）
	鞄☆	鞄	ホウ	かばん なめしがわ
	鞍☆		アン	くら

部首	標準字体	許容字体	音読み	訓読み
革	鞘☆	鞘	ショウ	さや
	鞠		キク	まり やしな（う） とりしら（べる） かが（む）
	鞭☆		ヘン ベン	むち むちう（つ）
	韃	韃	タツ ダツ	むち むちう（つ）
韋（なめしがわ）				
韭（にら）				
音（おと）				
頁（おおがい）	頁☆		ケツ ヨウ	かしら ページ
	頗☆		ハ	かたよ（る） すこぶ（る）

部首	標準字体	許容字体	音読み	訓読み
頁	頸☆	頸	ケイ	くび
	顚☆	顛	テン	いただき たお（れる） くつがえ（る）
風（かぜ）				
飛（とぶ）				
食（しょく）𩙿飠（しょくへん）	飴☆	飴	イ	あめ
	餐☆		サン	く（う） の（む） たべもの
	饗☆	饗*	キョウ	あえ もてな（す） う（ける）
首（くび）				
香（か）（かおり）	馨		キョウ ケイ	かお（り） かお（る）

部首	標準字体	許容字体	音読み	訓読み
馬（うま）（うまへん）	馴☆		シュン ジュン クン	な（れる） な（らす） すな（お） よ（い） おし（え）
	馳☆		ジ チ	は（せる）
	駁☆		バク ハク	まだら ぶち なじ（る） ま（じる）
	駈		ク	か（ける） か（る）
	駕☆		ガ	の（る） のりもの あつか（う） しの（ぐ）
	駿		シュン スン	すぐ（れる）
	驒☆	騨	タン タ ダ	
骨（ほね）（ほねへん）				

部首	標準字体	許容字体	音読み	訓読み
高（たかい）				
髟（かみがしら）（かみかんむり）	髭☆		シ	くちひげ ひげ
鬥（とうがまえ）（たたかいがまえ）				
鬯（ちょう）				
鬲（かなえ）				
鬼（おに）（きにょう）	魁		カイ	かしら さきがけ おお（きい） おさ
魚（うお）（うおへん）（さかなへん）	魯☆		ロ	おろ（か）
	鮎		デン ネン	あゆ
	鮒☆		フ	ふな

部首	標準字体	許容字体	音読み	訓読み
魚	鮪		イ ユウ	まぐろ しび
	鮭☆		ケイ カイ	さけ さかな
	鮫☆		コウ	さめ
	鯉		リ	こい てがみ
	鯖☆	鯖	ショウ セイ	さば よせなべ
	鯛		チョウ トウ	たい
	鰍		シュウ	どじょう いなだ かじか
	鰐☆		ガク	わに
	鰭		キ	ひれ はた

部首	標準字体	許容字体	音読み	訓読み
魚	鰯●☆	鰯		いわし
	鰹☆		ケン	かつお
	鰺☆	鯵	ソウ	あじ
	鰻☆		バン マン	うなぎ
	鱈●	鱈	セツ	たら
	鱒☆	鱒	ソン ゾン	ます
	鱗☆	＊1	リン	うろこ
鳥（とり）（とりへん）	鳩		キュウ ク	はと あつ（める） あつ（まる） やす（んずる）
	鳶☆		エン	とび とんび

＊1 本書270頁 B-(1)参照。

部首	標準字体	許容字体	音読み	訓読み
鳥	鳳		ブウ ホウ	おおとり
	鴇		ホウ	のがん とき
	鴛		エン	おしどり
	鴨☆		オウ	かも
	鴦		オウ	おしどり
	鴫●			しぎ
	鴻		コウ	おおとり おお（きい）
	鵠☆	＊	コウ コク	くぐい しろ（い） まと ただ（しい） おお（きい）

部首	標準字体	許容字体	音読み	訓読み
鳥	鵜☆		テイ	う
	鵡☆		ブ ム	
	鵬		ホウ	おおとり
	鶯☆	鴬	オウ	うぐいす
	鷗☆	鴎★	オウ	かもめ
	鷲☆		シュウ ジュ	わし
	鷹		ヨウ オウ	たか
	鷺☆		ロ	さぎ
	鸚☆		オウ イン	

部首	標準字体	許容字体	音読み	訓読み
鹵（しお）	鹼☆	鹸★	ケン	しおけ あく
鹿（しか）	麒		キ	きりん
	麟	*1	リン	きりん
麦麥（ばくにょう）	麴☆	麹★	キク	こうじ さけ
	麪	麵	（麺の旧字体）の異体字	
麻麻（あさ）（あさかんむり）	麿●			まろ
黄黄（き）				
黍（きび）	黍		ショ	きび
黒黑（くろ）	黛		タイ	まゆずみ かきまゆ まゆ

*1 本書270頁 B-(1)参照。

部首	標準字体	許容字体	音読み	訓読み
黹（ふつへん）				
黽（べんあし）				
鼎（かなえ）	鼎☆		テイ	かなえ まさ（に）
鼓（つづみ）				
鼠（ねずみ）（ねずみへん）	鼠☆		ソ ショ ス	ねずみ
鼻（はな）（はなへん）				
斉齊（せい）				
歯齒（は）（はへん）				
竜龍（りゅう）				

部首	標準字体	許容字体	音読み	訓読み
亀龜（かめ）				
龠（やく）				

表外漢字における字体の違いとデザインの違い

国語審議会答申「表外漢字字体表」（平成12年）「Ⅲ参考」による。

表外漢字字体表においても、常用漢字表の考え方を基本的に踏襲する。以下、常用漢字表でデザインの違いとするそれぞれの例に該当する表外漢字の例を、表外漢字字体表に掲げられた一〇二二字の中から選んで示す。また、表外漢字だけに適用するデザイン差の例も併せて示す。（※印は現在は常用漢字。）

1　へんとつくり等の組合せ方について

(1)　大小、高低などに関する例

甥　甥　　頃※　頃

(2)　はなれているか、接触しているかに関する例

曖※　曖　　弄※　弄

2　点画の組合せ方について

(1)　長短に関する例

撫　撫　撫　　諏　諏　　睾　睾　　禽　禽

(2)　つけるか、はなすかに関する例

溌　溌　　竈　竈　　幌　幌

腔　腔　　冥※　冥　　蕨　蕨

蜃　蜃

(3) 接触の位置に関する例

粕 粕　濠 濠　閃 閃 閃

套 套　蔓 蔓

(4) 交わるか、交わらないかに関する例

餌※ 餌　誹 誹　銚 銚

寓 寓　胚 胚　軀 軀

(5) その他

訝 訝 訝　聚 聚 聚

3 点画の性質について

(1) 点か、棒(画)かに関する例

(該当例なし)

(2) 傾斜、方向に関する例

蠅 蠅　遁 遁　紐 紐

(3) 曲げ方、折り方に関する例

甑 甑　攢 攢　頓※ 頓

拶※ 拶

(4) 「筆押さえ」等の有無に関する例

廻 廻　咬 咬

噂 噂 噂　溢 溢 溢

雫 雫

(5) とめるか、はらうかに関する例

揆　揆　遽　遽　毯　毯

咽※　咽　憫　憫　爛　爛

(6) とめるか、ぬくかに関する例

葺　葺　訊　訊　頷　頷

(7) はねるか、とめるかに関する例

洒　洒　醱　醱　鄭　鄭

隙※　隙

4 表外漢字だけに適用されるデザイン差について

（漢字使用の実態への配慮から、字体の差と考えなくてもよいと判断したもの）

A 画数の変わらないもの

(1) 接触の位置・有無に関する例

虻　虻　茫　茫　炬　炬

渠　渠　倶　倶

(2) 傾斜、方向に関する例

芦　芦　篇　篇　闇※　闇

蹄　蹄　籠※　籠　喰　喰

煎※　煎　廟　廟　逞　逞

疼　疼

(3) 点か、棒（画）かに関する例

茨※　茨　灼　灼　蔑※　蔑

筑 筑 註 註

(4) 続けるか、切るかに関する例

薇 薇 頽 頽 譚 譚

(5) 交わるか、交わらないかに関する例

訛 訛 篝 篝 珊 珊

恢 恢 鵠 鵠

(6) その他

囀 囀 饗 饗 挺 挺

柵※ 柵

B 画数の変わるもの

(1) 接触の位置に関する例

牙※ 牙 牙 穿 穿 穿

漑 漑 漑 漑

葦 葦 葦 憐 憐 憐

(2) 続けるか、切るかに関する例

叟 叟 痩※ 痩 嘩 嘩

畢 畢 兎 兎 稗 稗

笈 笈

C　特定の字種に適用されるもの（個別デザイン差）

卉　卉　　荊　荆　　※稽　稽

腔　腔　　※叱　叱

靱　靭　靭　　脆　脆

呑　呑　　臈　臈

旧字体一覧表

ここでは、その主要なものを掲載した。
○印は人名用漢字。人名用漢字のなかには、常用漢字の字形にそろえて新字体を定めたものがあるため、新旧の字体が存在する。

部首	旧字体	新字体	級
ノ	乘	乗	8
乚乙	乳	乳	5
	亂	乱	5
二	亞	亜	準2
𠆢亻人	伴	伴	3
	佛	仏	6
	來	来	9
	侵	侵	4
	侮	侮	準2

部首	旧字体	新字体	級
𠆢亻人	倂	併	準2
	偉	偉	4
	假	仮	6
	偏	偏	準2
	傑	傑	準2
	傳	伝	7
	僞	偽	準2
	僧	僧	4
	價	価	6

部首	旧字体	新字体	級
𠆢亻人	儉	倹	3
儿	充	充	準2
	免	免	3
	兒	児	7
入入	內	内	9
	全	全	8
	兩	両	8
ハ八	兼	兼	4
冂	册	冊	5

部首	旧字体	新字体	級
冂	冐	冒	4
冫	冴	冴○	準1
刂刀	判	判	6
	券	券	6
	割	割	5
	剩	剰	準2
	劍	剣	4
	劑	剤	4
力	勉	勉	8

部首	旧字体	新字体	級
力	勝	勝	8
	勞	労	7
	勤	勤	5
	勳	勲	準2
	勵	励	3
	勸	勧	4
勹	包	包	7
匚	區	区	8
十	半	半	9

部首	十	卩		厶	又	口				
旧字体	卑	卷	卽	參	及	吸	周	啓	啄	喝
新字体	卑	巻	即	参	及	吸	周	啓	啄°	喝
級	3	5	4	7	4	5	7	3	準1	準2

部首	口							囗		
旧字体	喫	單	嘆	器	噴	嚴	囑	圈	國	圍
新字体	喫	単	嘆	器	噴	厳	嘱	圏	国	囲
級	3	7	4	7	4	5	3	4	9	7

部首	囗			土						
旧字体	圓	圖	團	坪	城	堯	塚	塀	增	墮
新字体	円	図	団	坪	城	尭°	塚	塀	増	堕
級	10	9	6	準2	5	準1	準2	準2	6	準2

部首	土							士		
旧字体	墜	墨	墳	壓	壘	壞	壤	壯	壹	壻
新字体	墜	墨	墳	圧	塁	壊	壌	壮	壱	婿
級	3	3	3	6	準2	4	準2	準2	4	3

部首	士	夕	大			女				
旧字体	壽	夢	契	奧	奬	姬	婦	媛	嫌	孃
新字体	寿	夢	契	奥	奨	姫	婦	媛	嫌	嬢
級	3	6	3	4	準2	3	6	2	準2	3

寸							宀		子	部首
將	寶	寫	寬	寢	實	宵	害	學	孤	旧字体
将	宝	写	寛	寝	実	宵	害	学	孤	新字体
5	5	8	準2	4	8	準2	7	10	3	級

山			尸	小					寸	部首
峽	屬	層	屆	尙	導	對	尊	尋	專	旧字体
峡	属	層	届	尚	導	対	尊	尋	専	新字体
3	6	5	5	準2	6	8	5	4	5	級

		巾	己	工		巛川			山	部首
幣	帽	帶	巽	巨	巢	巡	巖	嶽	崩	旧字体
幣	帽	帯	巽○	巨	巣	巡	巌○	岳	崩	新字体
準2	4	7	準1	4	7	4	準1	3	3	級

	弓	廾	廴					广	干	部首
弱	弧	弊	延	廳	廢	廣	廊	廉	平	旧字体
弱	弧	弊	延	庁	廃	広	廊	廉	平	新字体
9	3	準2	5	5	準2	9	3	3	8	級

		⺗忄心				彳	彡		弓	部首
恆	急	忍	德	徵	從	徑	彥	彌	彈	旧字体
恒	急	忍	徳	徴	従	径	彦○	弥	弾	新字体
4	8	準2	6	4	5	7	準1	2	4	級

									小忄心	部首
慘	慨	愼	愉	惱	情	惠	惡	悔	悅	旧字体
惨	慨	慎	愉	悩	情	恵	悪	悔	悦	新字体
4	3	4	準2	4	6	4	8	3	3	級

戶			戈						小忄心	部首
戶	戲	戰	成	戀	懷	徵	憤	應	憎	旧字体
戸	戯	戦	成	恋	懐	徴	憤	応	憎	新字体
9	4	7	7	4	準2	準2	準2	6	3	級

				扌手					戸	部首
拂	拔	拜	拒	扱	扉	扇	戾	房	所	旧字体
払	抜	拝	拒	扱	扉	扇	戻	房	所	新字体
4	4	5	準2	4	準2	4	準2	3	8	級

									扌手	部首
搖	插	搜	揭	援	掃	捨	挾	拳	抱	旧字体
揺	挿	捜	掲	援	掃	捨	挟	拳	抱	新字体
3	準2	準2	3	4	3	5	準2	2	4	級

		攴攵							扌手	部首
敎	效	收	攝	擴	擔	擇	擊	擧	據	旧字体
教	効	収	摂	拡	担	択	撃	挙	拠	新字体
9	6	5	3	5	5	3	4	7	4	級

			日	无	斤				攴攵	部首
晩	晝	晟	晉	旣	斷	數	敏	敕	敍	旧字体
晩	昼	晟○	晋○	既	断	数	敏	勅	叙	新字体
5	9	1	準1	3	6	9	4	準2	準2	級

木	月		曰						日	部首
條	朗	會	曾	曙	曆	曉	暖	暑	晴	旧字体
条	朗	会	曽	曙○	暦	暁	暖	暑	晴	新字体
6	5	9	2	準1	4	準2	5	8	9	級

									木	部首
樣	樞	樂	槪	槇	構	榮	棚	棧	梅	旧字体
様	枢	楽	概	槙○	構	栄	棚	桟	梅	新字体
8	準2	9	3	準1	6	7	準2	準2	7	級

	止		欠						木	部首
歷	步	歡	歐	權	欄	櫻	檢	橫	樓	旧字体
歴	歩	歓	欧	権	欄	桜	検	横	楼	新字体
7	9	4	3	5	4	6	6	8	3	級

	氺	氵水	气	毋			殳	歹	止	部首
海	泡	沒	氣	每	毆	殼	殺	殘	歸	旧字体
海	泡	没	気	毎	殴	殻	殺	残	帰	新字体
9	準2	3	10	9	3	準2	7	7	9	級

									氺氵水	部首
渚	港	渴	淚	淺	淸	淨	浮	涉	消	旧字体
渚°	港	渇	涙	浅	清	浄	浮	渉	消	新字体
準1	8	準2	4	7	7	準2	4	準2	8	級

									氺氵水	部首
澤	潛	澁	潔	滿	滯	漢	溝	溪	溫	旧字体
沢	潜	渋	潔	満	滞	漢	溝	渓	温	新字体
4	3	準2	6	7	3	8	準2	準2	8	級

			灬火						氺氵水	部首
燒	煮	煙	灰	灣	瀧	瀨	濱	濕	濟	旧字体
焼	煮	煙	灰	湾	滝	瀬	浜	湿	済	新字体
7	4	4	5	3	3	3	4	3	5	級

		犭犬	牛			爪爫⺥爪			灬火	部首
豬	狹	狀	犧	爵	爲	爭	爐	營	燈	旧字体
猪°	狭	状	犠	爵	為	争	炉	営	灯	新字体
準1	4	6	3	準2	4	7	3	6	7	級

瓦	瓜瓜		王玉						犭犬	部首
甁	(はなびら)瓣	瑤	琢	獻	獵	獸	獲	獨	猶	旧字体
瓶	弁	瑶°	琢°	献	猟	獣	獲	独	猶	新字体
準2	6	1	準1	準2	3	4	4	6	準2	級

部首	生	田					疒			癶
旧字体	產	畔	異	畫	當	疊	瘦	癒	癡	發
新字体	産	畔	異	画	当	畳	痩	癒	痴	発
級	7	3	5	9	9	4	2	準2	準2	8

部首	白	皿			目		矢	石		
旧字体	皓	益	盜	盡	眞	瞬	矩	砲	硏	硝
新字体	皓°	益	盗	尽	真	瞬	矩°	砲	研	硝
級	1	6	4	4	8	4	準1	4	8	準2

部首	石		礻示示					禾		
旧字体	碎	碑	示▯	祕	祿	禪	禮	稅	程	稱
新字体	砕	碑	礻▯	秘	禄°	禅	礼	税	程	称
級	準2	3		5	準1	準2	8	6	6	4

部首	禾						穴		立	竹
旧字体	穀	稻	穗	穩	穫	穰	突	竊	竝	節
新字体	穀	稲	穂	穏	穫	穣°	突	窃	並	節
級	5	4	3	3	3	準1	4	準2	5	7

部首	竹	米		糸						
旧字体	築	粹	精	約	級	終	絲	經	綠	緯
新字体	築	粋	精	約	級	終	糸	経	緑	緯
級	6	3	6	7	8	8	10	6	8	4

糸										部首
繭	繪	繁	總	縱	縣	練	編	緖	緣	旧字体
繭	絵	繁	総	縦	県	練	編	緒	縁	新字体
準2	9	4	6	5	8	8	6	準2	4	級

羽			罒网	缶		糸				部首
習	翁	羽	署	罐	缺	纖	續	繼	繩	旧字体
習	翁	羽	署	缶	欠	繊	続	継	縄	新字体
8	準2	9	5	準2	7	準2	7	4	準2	級

月肉	聿	耳			耂老	羽				部首
肖	肅	聽	聰	聲	者	翼	翻	翔	翌	旧字体
肖	粛	聴	聡○	声	者	翼	翻	翔○	翌	新字体
準2	準2	3	準1	9	8	4	3	1	5	級

臼		至	自	月肉						部首
舊	與	臺	臭	臟	膽	腦	脫	胞	肩	旧字体
旧	与	台	臭	臓	胆	脳	脱	胞	肩	新字体
6	4	9	準2	5	3	5	4	3	4	級

艹艹艸					色	舛		舌		部首
萬	著	莊	莖	芽	艷	舞	舜	舖	舍	旧字体
万	著	荘	茎	芽	艶	舞	舜○	舗	舎	新字体
9	5	準2	準2	7	2	4	準1	4	6	級

虫				虍					艹艹艸	部首
螢	虜	號	虛	處	蘭	藥	藝	藏	薰	旧字体
蛍	虜	号	虚	処	蘭○	薬	芸	蔵	薫	新字体
準2	準2	8	3	5	準1	8	7	5	準2	級

	見	襾覀			衤衣	行			虫	部首
覺	視	襾	襃	褐	裝	衞	蠻	蠶	蟲	旧字体
覚	視	覀	褒	褐	装	衛	蛮	蚕	虫	新字体
7	5		準2	準2	5	6	3	5	10	級

						言	角		見	部首
諸	謁	調	請	誕	誠	評	觸	觀	覽	旧字体
諸	謁	調	請	誕	誠	評	触	観	覧	新字体
5	準2	8	3	5	5	6	4	7	5	級

									言	部首
護	譽	譯	證	謹	謠	謄	講	謙	諭	旧字体
護	誉	訳	証	謹	謡	謄	講	謙	諭	新字体
6	4	5	6	準2	4	準2	6	準2	準2	級

				貝	豕	豆			言	部首
購	賴	賣	賓	貳	豫	豐	讓	變	讀	旧字体
購	頼	売	賓	弐	予	豊	譲	変	読	新字体
準2	4	9	準2	4	8	6	3	7	9	級

辛	車				足		走	貝		部首
(わきまえる)辨	轉	轄	輸	輕	踐	距	赳	贈	贊	旧字体
弁	転	轄	輸	軽	践	距	赳○	贈	賛	新字体
6	8	準2	6	8	準2	4	1	4	6	級

辶辶辵								辛		部首
遵	遙	遞	遍	遂	違	逸	辶□	(かたる)辯	辭	旧字体
遵	遥○	逓	遍	遂	違	逸	辶□	弁	辞	新字体
3	準1	準2	準2	3	4	準2		6	7	級

酉			阝邑					辶辶辵		部首
醫	醉	酌	鄰	鄕	都	郞	邪	邊	遲	旧字体
医	酔	酌	隣	郷	都	郎	邪	辺	遅	新字体
8	3	準2	4	5	8	4	3	7	4	級

金								釆	酉	部首
鐵	鎭	鎌	鍊	錄	錢	銳	釣	釋	釀	旧字体
鉄	鎮	鎌	錬	録	銭	鋭	釣	釈	醸	新字体
8	3	2	3	7	6	4	準2	4	準2	級

阝阜							門	金		部首
隱	隨	險	隆	隊	陷	降	關	鑛	鑄	旧字体
隠	随	険	隆	隊	陥	降	関	鉱	鋳	新字体
4	3	6	3	7	準2	5	7	6	3	級

頁	音	靑青		雨	隹				隶	部首
頻	響	靜	靑	靈	難	雙	雜	雅	隸	旧字体
頻	響	静	青	霊	難	双	雑	雅	隷	新字体
準2	4	7	10	3	5	3	6	4	4	級

馬			𩙿飠食				頁			部首
驅	騰	騷	餠	餘	飽	飠[illegible]	顯	類	顏	旧字体
駆	騰	騒	餅	余	飽	飠[illegible]	顕	類	顔	新字体
4	準2	4	2	6	3		準2	7	9	級

鹿	鹵	鳥	魚	鬥	髟	骨		馬		部首
麟	鹽	鷄	鯛	鬭	髮	體	髓	驗	驛	旧字体
麟○	塩	鶏	鯛○	闘	髪	体	髄	験	駅	新字体
準1	7	3	準1	4	4	9	3	7	8	級

斉齊		黒黑					黄黃	麦麥		部首
齋	齊	黨	點	黛	默	黑	黃	麵	麥	旧字体
斎	斉	党	点	黛○	黙	黒	黄	麺	麦	新字体
準2	準2	5	9	準1	4	9	9	2	9	級

亀龜	竜龍	歯齒		部首
龜	龍	齡	齒	旧字体
亀	竜	齢	歯	新字体
2	準2	4	8	級

国字（和字）

▲印は、辞典によって扱いの異なるもの。

部首	漢字	級	読み
亻人	俁	準1	また
亻人	俤	1	おもかげ
亻人	俥	1	くるま
几	凧	準1	たこ
几	凪	準1	なぎ な(ぐ)
几	凩	1	こがらし
勹	匁	準1	もんめ め
口	喰▲	準1	く(らう) く(う)
口	噺	準1	はなし

部首	漢字	級	読み
口	噸	準1	トン
口	叺	1	かます
口	呎	1	フィート
口	呏	1	ガロン
土	圦	1	いり
女	嬶▲	1	かか かかあ
山	屶	1	なた
弓	弖▲	1	て 例＝弖《て》爾《に》乎《を》波《は》
忄心	怺	1	こら(える)

部首	漢字	級	読み
扌手	扨	1	さて
扌手	挘	1	むし(る)
木	杢	準1	もく
木	栂	準1	とが つが
木	柾	準1	まさ まさき
木	椙	準1	すぎ
木	椛	準1	もみじ
木	榊	準1	さかき
木	樫	準1	かし

部首	漢字	級	読み
木	杣	1	そま
木	枡	1	ます
木	桛	1	かせ
木	梻	1	しきみ
木	梺	1	ふもと
木	椚	1	くぬぎ
木	楾	1	はんぞう
木	榁▲	1	むろ
木	榀	1	こまい

部首	毛	火	火	瓦	瓦	瓦	瓦	瓦	瓦	瓦
漢字	毟	熕	燵	瓲▲	瓩	瓸	瓧	瓰	甅	瓱
級	1	1	1	1	1	1	1	1	1	1
読み	むし(る)	コウ おおづつ	タツ 例＝炬燵《コタツ》	トン	キログラム	ヘクトグラム	デカグラム	デシグラム	センチグラム	ミリグラム

部首	田	疒	石	立	立	立	立	立	立	竹
漢字	畠	癪	硲	竏	竡	竍	竕	竰	竓	笹
級	準1	1	準1	1	1	1	1	1	1	準1
読み	はた はたけ	シャク	はざま	キロリットル	ヘクトリットル	デカリットル	デシリットル	センチリットル	ミリリットル	ささ

部首	竹	竹	竹	米	米	米	米	米	米	米
漢字	簓	簗▲	籡	粂	籾	粏▲	糀	粁	粨	籵
級	1	1	1	準1	準1	1	1	準1	1	1
読み	セン ささら	やな	しんし	くめ	もみ	タ ぬかみそ 例＝糂粏《ジンタ》	こうじ	キロメートル	ヘクトメートル	デカメートル

部首	米	米	糸	糸	糸	糸	糸	耳	月肉	舟
漢字	糎	粍	綛	縅	繧	纃	纐	聢	膵▲	艝
級	準1	準1	1	1	1	1	1	1	1	1
読み	センチメートル	ミリメートル	かすり かせ	おど(す) おどし	ウン 例＝繧繝《ウンゲン》	かすり	コウ 例＝纐纈《コウケチ》《コウケツ》 しぼ(り) しぼりぞ(め)	しか(と)	スイ 例＝膵臓《スイゾウ》	そり

部首	漢字	級	読み
艹艸	苆	1	すさ
艹艸	萢	1	やち やつ
艹艸	蓙	1	ござ
虫	蚫▲	1	ホウ あわび
虫	蛯	1	えび
虫	蟎▲	1	だに
衤衣	⿱母衣	1	ほろ
衤衣	裃	1	かみしも
衤衣	裄	1	ゆき
衤衣	褄	1	つま

部首	漢字	級	読み
衤衣	襷	1	たすき
言	諚	1	ジョウ おきて おお(せ)
身	躮	1	せがれ
身	躾	1	しつけ
身	軈	1	やが(て)
車	轌	1	そり
辶辵	辻	準1	つじ
辶辵	辷	1	すべ(る)
辶辵	迚	1	とて とて(も)
辶辵	逧	1	さこ

部首	漢字	級	読み
辶辵	遖	1	あっぱれ
金	鋲	準1	ビョウ
金	鑓	準1	やり
金	錺▲	1	かざり
金	錵▲	1	にえ
金	錻	1	ブ ブリキ
金	鎹	1	かすがい
金	⿰金逆	1	さかほこ
金	鎺	1	はばき
門	閊	1	つか(える)

部首	漢字	級	読み
雨	雫▲	準1	ダ しずく
革	鞆	1	とも
革	鞐	1	こはぜ
風	颪	1	おろし
飠食	饂	1	ウン 例＝饂飩《うどん》《ウンドン》
魚	鰯	準1	いわし
魚	鱈▲	準1	セツ たら
魚	魞	1	えり
魚	⿰魚片	1	なまず
魚	鮖	1	かじか

部首	魚									
漢字	鮗	鮇▲	⿰魚尓	鮟▲	鮴	鮲	鮱	鯏	鯑	鯒
級	1	1	1	1	1	1	1	1	1	1
読み	このしろ	いわな	いさざ	アン	ごり	こち まて	おおぼら	うぐい あさり	かずのこ	こち

部首	魚									
漢字	鯎	鯐	鯲	鯱	鯰	鰘	鰙	鰚	鰰	鱇
級	1	1	1	1	1	1	1	1	1	1
読み	うぐい	すばしり	どじょう	しゃち しゃちほこ	ネン なまず	むろあじ	はや はえ わかさぎ	はらか	はたはた	コウ 例＝鮟鱇《アンコウ》

部首	魚				鳥					
漢字	鱚	鱛	⿰魚恵	鱩	鴫	鳰	鵆	鴾	鵤	⿰隹鳥
級	1	1	1	1	準1	1	1	1	1	1
読み	きす	えそ	あおさば さば	はたはた	しぎ	にお	ちどり	とき	いかる いかるが	かけす

部首	鳥			麻麻
漢字	鶍	鶎	鶫	麿
級	1	1	1	準1
読み	いすか	きくいただき	つぐみ	まろ

※常用漢字表にある国字

働・匂・塀・峠

搾▲・枠・栃・畑

腺・込

漢検 準1級 分野別 精選演習

2013年9月20日　第1版第1刷　発行
編　者　公益財団法人 日本漢字能力検定協会
発行者　髙坂　節三
印刷所　三省堂印刷株式会社

発行所　**公益財団法人 日本漢字能力検定協会**
〒600-8585　京都市下京区烏丸通松原下る五条烏丸町 398
☎ 075(352)8300　FAX 075(352)8310
ホームページ http://www.kanken.or.jp/
©The Japan Kanji Aptitude Testing Foundation 2013
Printed in Japan
ISBN978-4-89096-293-8 C0081

乱丁・落丁本はお取り替えいたします。
「漢検」は登録商標です。

本書の内容の一部あるいは全部を無断で複写複製（コピー）
することは著作権法上での例外を除き、禁じられています。

部首索引

人 231	亠 231	二 231	二画	亅 231	乚乙 231	ノ 231	丶 231	丨 231	一 231	一画
力 233	刂刀 233	凵 233	几 233	冫 232	冖 232	冂 232	ハ八 232	入入 232	儿 232	𠆢亻 231
三画	又 233	厶 233	厂 233	㔾卩 233	卜 233	十 233	匸 233	匚 233	匕 233	勹 233
宀 236	子 236	女 236	大 236	夕 236	夊 236	夂 236	士 235	土 235	囗 235	口 234
干 238	巾 238	己 237	工 237	巛川 237	山 237	屮 237	尸 237	尢 237	小 237	寸 237
扌 239	忄 239	彳 239	彡 238	⺕彑彐 238	弓 238	弋 238	廾 238	廴 238	广 238	幺 238
戸 239	戈 239	⺗心 239		四画	阝《こざとへん》 262	阝《おおざと》 260	辶 260	艹 254	犭 247	氵 245
月《つきへん》《つき》 241	曰 241	日 241	旡 241	方 241	斤 241	斗 241	文 241	攵 241	支 241	手 239
水 245	气 245	氏 245	毛 245	比 245	毋 245	殳 244	歹 244	止 244	欠 244	木 242
牛 247	牙 247	片 247	爿 247	爻 247	父 247	爪爫⺥爪 247			灬火 246	
玉 248	玄 248	氺 245	五画	辶 260	艹 254	月《にくづき》 253	耂 253	礻 250	王 248	犬 247
皮 249	白 249	癶 249	疒 249	疋 249	田 249	用 248	生 248	甘 248	瓦 248	瓜 248